DU MÊME AUTEUR

LES NAUFRAGÉS. AVEC LES CLOCHARDS DE PARIS, Plon, coll. Terre Humaine, 2001. Prix Essai France Télévisions 2002. Prix Livres et Droits de l'Homme de la ville de Nancy 2002. Prix Psyché 2002.

GARANTI SANS MORALINE, nouvelles, Flammarion, 2004.

ARTHUR, HIPPOPOTAME DE COURSE ET AUTRES HISTOIRES, Plon Jeunesse, 2004.

LE SANG NOUVEAU EST ARRIVÉ

PATRICK DECLERCK

LE SANG NOUVEAU EST ARRIVÉ

L'horreur SDF

nrf

GALLIMARD

Il faut tirer sur la morale.
Friedrich Nietzsche

Novembre. La nuit tombe vite. Le froid vient. Le froid est là. Les passants, le col relevé, accélèrent le pas. Les gens de la rue, eux, le ralentissent. Chaque geste coûte. Le monde est lourd et tout mouvement est énergie. Il importe, pour durer, de s'économiser soigneusement. D'apprendre l'avarice de soi, de son corps, et de sa conscience même. Il faut hiberner. La nuit vient et avec elle l'angoisse de chaque jour, de chaque heure, de chaque instant. Survivre à l'hiver. Tenir jusqu'à Noël. Ne pas mourir gelé. Se réveiller demain…

Novembre… Les SDF, clochards et sans-abri, comme les huîtres, sont de saison. Les programmes d'hébergement d'hiver sont en place. Les officiels se congratulent. C'est qu'une fois encore, si l'on peut dire, on a eu chaud. L'administration, comme chaque année en octobre, s'est souvenue *in extremis* de l'étrange régularité saisonnière typique de notre hémisphère Nord. Cette loi d'airain qu'il serait urgent, étant donné l'étonnant refoulement dont elle semble faire systématiquement l'objet, d'inscrire au programme de l'ENA. Pour mémoire donc : « L'hiver (comme son nom l'indique), sous nos latitudes, est généralement froid ». Non ? Si, si.

Magnanime, pour le 1er novembre, on a rajouté, çà et là, quelques dizaines de lits supplémentaires. Que l'on démontera au printemps. Que l'on remontera en octobre prochain. Que l'on démontera au printemps suivant...

– Mais...

– Mais... quoi ?

– Mais alors, au printemps...

– Quoi au printemps ? Quoi au printemps ?

– Au printemps, la rue ?

– Évidemment la rue. Qu'est-ce que vous croyez ? Vous n'imaginez tout de même pas que l'on va bichonner tous ces parasites *ad vitam*. Et avec de l'argent public en plus. Logés, nourris, blanchis, chauffés... Et à ne rien faire de toute la journée ! Et quoi encore...

– Mais enfin, la rue... Réfléchissez, la rue... C'est inhumain.

– Foutez le camp ou j'appelle la police !

La soupe lentement, en de grosses marmites, chauffe et frémira bientôt. Les bénévoles, pratiquant l'humanitaire comme d'autres la bicyclette, comptent les bols et les cuillères, remusclent de flexion en flexion leurs bons sentiments, leur compassion, leur amour enfin, et, enfin, se sentent revivre. Les voilà, jusqu'à mars, moins obscurs, moins dérisoires, moins seuls. Ils, elles se réchaufferont un moment au malheur des autres. Prostates et ménopauses s'évanouiront, le temps d'un entracte, au profit des chancres du Prochain. Et la diarrhée du petit chat leur semblera, somme toute, bien peu de chose...

Aux quartiers généraux des organisations de bienfaisance qui souhaiteraient tellement porter un autre nom, le sourire, onctueux comme toujours, est de mise. Les budgets sont bouclés. Une fois encore, on a reçu, tardivement mais tout de même à temps, les subventions des pouvoirs publics. Crédits accordés bien entendu d'avance – comment faire autrement d'ailleurs pour assurer la paix civile, pour museler le scandale ? – mais néanmoins exigés à grand renfort d'indignations publiques savamment dosées. Être ferme et roide, comme il convient aux professionnels de la vertu. La démocratie, l'éthique et les droits de l'homme ne souffrent pas d'être bradés. C'est qu'on est sans peur, dans l'humanitaire. Et sans reproche. Et inflexible…

Inflexible, mais cependant pas trop. C'est qu'il ne faut fâcher personne. Et surtout pas les gratte-papier dont on dépend et que l'on retrouvera, immuables et narquois, l'année prochaine… Et puis il faut être raisonnable. Et même, il serait irresponsable de ne pas l'être. Il ne nous appartient pas, après tout, de faire la révolution. Notre vocation est de changer le système de l'intérieur. Rendez à César ce qui est à César, intime fort justement la putassière sagesse du Testament chattemite…

Et puis Monsieur le ministre de l'Intérieur est venu visiter nos installations. C'est un homme très gentil Monsieur le ministre, et très simple. Pas du tout comme on croirait. C'est sûr que dans les meetings, à la télévision, les ministres disent des choses, mais il le faut bien… C'est de la politique tout ça… Mais Monsieur le ministre, on sent bien que c'est, malgré tout, un homme de cœur. Et pas fier. Même qu'il a remonté le moral à des hébergés. Il leur a promis qu'à Noël, il reviendrait les voir. Avec, peut-être, Monsieur le Premier ministre. Il paraît que ça le soucie beaucoup lui aussi, le Premier ministre, qu'il y ait des pauvres gens à la rue. Et que le président de la République, qui est si sympathique, alors, lui, carrément il n'en dort plus à cause des SDF... Non vraiment, il y a des gens très bien partout, à droite autant qu'à gauche, au fond...

Quand je pense... Moi qui n'ai jamais été bien fort à l'école et me voilà, aujourd'hui, discutant avec le ministre. Et responsable de centre, pratiquement chef d'entreprise un peu... Ah ça, il n'y a vraiment que dans la charité...

Novembre... Les journalistes guettent le thermomètre. Attendent les premiers morts. Morts pauvres et pauvres morts, vraiment ça n'intéresse personne, mais « morts de froid » véhicule un je-ne-sais-quoi d'exotique, de surprenant, un parfum d'aventure ultime qui fait encore un peu recette...

Il est un terme journalistique amusant. C'est celui de « marronnier ». Un marronnier est un sujet de reportage écrit, radio ou télévisuel sur lequel on peut compter à date plus ou moins fixe et dur comme fer. Aussi, le marronnier lorsqu'on a un trou, un papier qui saute, un correspondant malade, un invité qui fait faux bond, c'est bien utile... Ça se replante n'importe où, un marronnier. Et le 24 décembre au JT de 20 heures, sûr qu'au menu, il y aura du clodo. Et de l'édifiant. Victime certifiée 100 %, fauchée certes, mais digne. Et cherchant, comme il se doit, du travail, mais, hélas, trois fois hélas, n'en trouvant pas... Ce qui, à la réflexion, n'a rien de bien surprenant : on ne trouve pas du travail un 24 décembre à 20 heures. Tout est fermé, sauf les restos. Et comme on n'est pas près de laisser un peut-être tuberculeux approcher de la cuisine... Increvable marronnier...

Novembre... Les vitrines des bistrots arborent des peintures naïves et transitoires. Les raisins boursouflés de vie et de jus y sont bien violets, les feuilles de vigne resplendissent d'un vert joyeux... La Saint-Beaujolais met d'accord entre eux tous les fidèles. Et de ce peuple gourmand aux lèvres grasses, de cette foule hagarde aux ventres distendus, de ces millions de visages repus et fats, aux lignes épuisées de satiété et de bêtise, de ces nez sillonnés de veinules, infimes deltas des alcools et des abus, des profondeurs glaireuses et grenat de tous ces gosiers démocratiques, s'élève un même rugissement assassin et jouisseur : « Le sang ! Le sang ! Le sang nouveau est arrivé... »

Cherchez ! Il est vrai qu'on en a un peu honte, alors on l'affiche en douce. Dans les coins. À l'ombre d'un mur éloigné. D'une colonne solitaire... Mais il existe et vous finirez par le trouver. Il est toujours quelque part, dans chaque gare SNCF, dans chaque station de métro, ce placard interdisant, entre autres, la mendicité dans « trains, gares, cours et stations ». Bien sûr, le règlement, on ne l'applique pas systématiquement. Oh, pas par largesse d'esprit, non. Simplement, son application stricte déborderait vite les énergies flicardières... Alors, ce règlement, on se le garde par-devers soi. Bien au chaud. On en use à discrétion. Un peu quand ça chante. À la tête du client... L'important est que la licence juridique existe qui permette, selon l'humeur, de tolérer, d'expulser, de verbaliser.

Regardez bien. C'est un décret tout ce qu'il y a d'officiel. Il porte « sur la police, la sûreté et l'exploitation des voies ferrées ». Penchez-vous. Imprimé petit, vous lirez tantôt au-dessus du texte, tantôt en dessous, ces petits mots tranquilles : « décret du 22 mars 1942 ».

Le 22 mars 1942… Quatre mois plus tard, le 16 juillet 1942, avait lieu la rafle du Vél' d'Hiv. Et comme le hasard fait bien les choses, ce sont justement – vous allez rire ! – les bus de la RATP et les trains de la SNCF qui rendirent, en ces heures historiques, de grands services logistiques. Quant à la police française, ayons la pudeur de ne pas en parler…

– Holà, Declerck ! Qu'allez-vous insinuer encore… Confondre ce qui ne doit pas l'être… Saligaud ! « Quatre mois plus tard… » C'est quoi ça, de la provocation ?

– Non. De l'arithmétique. Simplement de l'arithmétique… Mais ce que c'est, tout de même, que d'avoir de mauvaises habitudes…

À la RATP, le « pôle humanitaire » qui organise l'aide aux SDF dépend du service sécurité. Plus qu'une idiosyncrasie organisationnelle, c'est un symptôme : celui du lien que l'on n'ose briser entre aide aux plus démunis et contrôle policier. Aussi, on y déploie en un même lieu, en un même temps des techniques de harcèlement passif des mendiants et autres indésirables, et des actions d'aide réelles et incontestables. Il fut un temps où l'angoisse d'un envahissement, d'un débordement de clodos, monta assez pour que furent étudiés plusieurs projets plus ou moins délirants tels que jets d'eau à intervalles réguliers ou décharges électriques décourageantes, pour réveiller les dormeurs éventuels. S'il ne fut jamais sérieusement question de les mettre en pratique, techniquement, cependant, on envisagea de telles paranoïaques « solutions ». C'est dire la terreur suscitée par ces classes dangereuses…

Il faut dire aussi que l'on finit, tout bêtement, par trouver plus simple : les bancs à partitions latérales excluant toute possibilité de s'allonger, ou, plus radicales encore, les barres inclinées qui empêchent de s'asseoir, permettant simplement d'appuyer les fesses. Voilà ce qui s'appelle de l'élégance : solutions efficaces et bon marché. Une petite violence tellement insidieuse qu'elle en passerait presque inaperçue. Le tout d'un politiquement correct apparemment irréprochable... Ah, les cochons !

Il est vrai qu'à la RATP – comme ailleurs, comme partout – on est bien embarrassé. C'est qu'il faut louvoyer entre deux scandales qui, toujours, guettent : celui de l'apparente et inhumaine brutalité et celui de la trop visible et odieuse anarchie. D'abord, il y a les « usagers », valeur éthique suprême du service public. Évidemment, entendons-nous bien, il y a public et public... Ça écrit beaucoup un usager, ça vocifère, ça râle, ça se plaint, ça se distrait à se tripoter un peu, en commençant des lettres par « *Monsieur le directeur...* ». Alors, il faut satisfaire aux voix populaires. Réserver les couloirs du métro aux contribuables avérés. Et virer les paumés. Mais attention, proprement. C'est que c'est vicieux, une foule. Et incertain. On peut jamais faire confiance. Les braves gars préposés au ramassage (pardon ! « recueil »), au « recueil des personnes sans abri », s'en plaignent. Écoutons-les...

Tenez, par exemple, vous Monsieur Machin, agent Truc... Et, entre parenthèses, cette moustache vous va à ravir. Si. Si. Permettez... Je le pense. Alors, dites-nous...

« Ben ça ! Les mêmes voyageurs qui écrivent pour gueuler qu'il y a trop de clodos, que c'est plus possible, qu'on est plus chez soi, pas tranquilles, marre des mendiants qui importunent… Les mêmes ! Les mêmes se permettent des commentaires, s'ils vous voient – comment dire ? – inviter de manière oh ! peut-être un rien musclée, enfin quoi, physique… quelques indésirables à quitter la station… Ah, c'est tout de même bien malheureux. On peut plus travailler convenablement… Pourtant, y a pas à chercher midi à quatorze heures. Y a pas à poétiser. Ils l'ont ou ils l'ont pas leur titre de transport ? Hein ? Non. Bon, alors…

En plus qu'on n'est pas méchant. On leur propose toujours de les amener à Nanterre[1], s'ils veulent… Y en a qui veulent pas, c'est leur problème… Mais, nous, finalement, on leur veut que du bien. Évidemment, il faut pas qu'ils nous cassent trop les couilles non plus. Il faut quand même savoir se faire respecter aussi. C'est un autre problème… Bon, on entend dire parfois qu'il y aurait des… heu… débordements… Chez nous, à la BAPSA[2], dans les équipes de sécurité, chez les surveillants à Nanterre… Ouais, il faut replacer ça dans son contexte. D'abord si ça arrive, et je dis bien *si* ça arrive… D'abord, c'est pas tous les jours. Ensuite, on peut pas demander à tout le monde non plus de se contrôler tout le temps. On a quand même ses réflexes, hein… Quand

1. Centre d'accueil et de soins hospitaliers (CASH) de Nanterre. À l'origine un « dépôt de mendicité » qui ouvre en 1887. Aujourd'hui, un hôpital général ouvert à tous publics, un centre d'accueil de long séjour, une maison de retraite, un centre d'hébergement et de réinsertion sociale et le Centre d'hébergement et d'assistance aux personnes sans abri (CHAPSA) qui reçoit les SDF amenés par la police et les services de la RATP.

2. Brigade d'assistance aux personnes sans abri, service de la Préfecture de Police, créée en 1955. Elle a pour mission de ramasser les SDF dans Paris et de les amener à l'hôpital de Nanterre.

on se fait traiter d'enculé, de pédé, nique ta mère et compagnie, hein... On est quand même un homme. Personne n'est parfait non plus...

Et puis d'ailleurs, on est surveillés nous aussi. Faut pas imaginer qu'on n'est que des cow-boys qui peuvent faire n'importe quoi... Et si un mec se fait tabasser, il peut porter plainte. Ça s'est déjà vu. Évidemment, on n'a pas notre nom marqué sur l'uniforme, alors pour identifier un individu précisément... Bien sûr, il y a l'équipe. On peut savoir que tel jour, telle équipe était à tel endroit... Mais il faudrait que les collègues mouchardent... C'est pas si facile. Moi, je suis pas, vraiment pas, pour la violence, mais après il faut continuer à travailler avec les collègues vous comprenez ? C'est pas facile...

Faut dire que les plaintes sont rares. Ils savent pas comment faire. Remplir des papiers, tout ça, c'est pas leur truc. Et puis, il y en a même qui ont un peu peur aussi. Des fois qu'on les retrouverait... Et dans le milieu forcément, on se recroise toujours un jour ou l'autre...

De toute façon, à part un ou deux collègues qu'on connaît et qui ont toujours des problèmes, ça se passe à peu près bien avec tout le monde. C'est vrai parfois, il y en a, j'en ai connu, l'un ou l'autre qui aime ça, taper. Mais bon, c'est vraiment une toute, toute petite minorité. Même pratiquement l'exception qui confirme la règle. C'est qu'ils sont pas faits pour ce métier. Et en général, ils restent pas longtemps. Quelques années, pas plus... »

Hoi polloi, disait Platon. Les plusieurs. Les multiples. La masse... Le peuple, cette merde. Les mêmes qui condamnèrent Socrate. Qui le condamnent encore. Qui le condamneront toujours. Ici. Ailleurs. Partout... Et avec la même tranquillité, la même aisance, la même certitude. Toujours aussi cons. Toujours aussi contents... Ça ne connaît pas le doute, le peuple. La nuance, la finesse, la distinction, la logique, qui sont, en somme, comme la courtoisie de la pensée, il connaît pas, le peuple. Pire, il s'en tape. La seule chose qui le fait redresser la gueule de son auge, bouger un peu, ciller de ses yeux myopes et porcins : l'affect. Le sentiment. L'amour ou la haine. Peu importe, mais du total toujours. Du définitif de l'instant. Du radical. De l'émoi.

Et ce n'est pas le mépris de classe. Des soi-disant simples. Foutre, non ! Ce serait trop facile, vraiment. Non, c'est le terrible et métaphysique malheur du pluriel. Toute l'espèce qui est tarée. De la Goutte d'Or à Beverly Hills. Vertiges...

Ça pense pas, le peuple. C'est abruti comme du bétail. Un chiffon et boum ! ça démarre. Ça fonce. N'importe où. Pour n'importe quoi. Il sait pas, Populo. *Popolloi*. Il sait rien. Il comprend rien. Il soupçonne d'ailleurs même pas qu'il y a quelque chose à comprendre. Il court, c'est tout... Le peuple, ça s'indigne, ça pousse des cris indistincts, ça bave. Ça palpite comme un viscère. Une méduse. Une charogne grouillant d'asticots... Ça dit tout. Ça veut tout. Ça vote tout et son contraire, le peuple. C'est n'importe quoi, le peuple... Faut pas le dire, c'est un secret ! Un secret bien gênant pour la démocratie, qu'il confonde toujours, le peuple, les ombres et le réel... Un secret bien connu depuis vingt-cinq siècles... C'est tout Platon. C'est ça, la caverne. La séduction toujours des mirages qui dansent... *Hoi polloi !*

Il s'en branle, Électeur ! Il lit pas Platon... Et d'ici à ce que *Paris Match* en parle... Il risque rien, citoyen. Bien au chaud dans sa boule. Scarabée bouseux !

Aussi, pour ce qui nous intéresse, le message général est double, contradictoire et paradoxal : ces clodos font peur et sont de pauvres victimes. Virez-les, ils puent. Aidez-les, ils souffrent. Double discours. Double représentation. L'humanitaire et le policier. Le répressif et le réparateur. L'agression et la culpabilité. L'exclusion et l'identification.

Ce marasme affectif, ce flux et ce reflux perpétuels entre amour et haine, cette ambivalence structurelle caractérisent toute la question SDF. Ils en constituent le terreau et l'engrais. Ils en sont la fange et le bouillon de culture. Ils en organisent les représentations, les discours, les pratiques, le sadisme qui insidieusement s'y exerce et l'hystérie compassionnelle qui y sévit.

Richesse de la pauvreté. Les sondages sont formels et confirment notre étincelante exception culturelle : les trois personnages préférés des Français sont (par ordre décroissant) Michel Sardou, chanteur pour maison de retraite, Zinedine Zidane, homme doué d'une remarquable adresse podologique, et Sœur Emmanuelle qui est *encore formidable pour son âge*... Cette dernière eut la bonté de donner aux masses ébaubies quelques livres d'une étonnante profondeur, du genre si tous les gars du monde... Lyrisme de vieille fille : hypomanie matinale et poils aux jambes. Air connu. Passons...

Un de ces opuscules est cependant assez révélateur...

Il porte pour titre cet audacieux oxymoron : *Richesse de la pauvreté*. Ne riez pas : 200 000 égarés se précipitèrent pour l'acheter. Ils avaient raison, c'est du juteux. Tenez, par exemple, page 22 : « Les pauvres du tiers-monde ne connaissent pas le désespoir. La première fois qu'on me fit cadeau pour les chiffonniers de médicaments venus d'Europe, le médecin éclata de rire en ouvrant le paquet : "Des tranquillisants ! mais pour qui, au bidonville ? Je les emporte dans les beaux quartiers où il m'arrive d'en prescrire." En France, quel appétit pour les tranquillisants ! ». Apprécions, au passage, le poujadisme psychiatrique de cette prose de cheftaine. Goûtons un instant l'insidieux néocolonialisme véhiculé par cette vision naïve et bête du bougnoule joyeux à travers tout, et venons-en au cœur de l'argument. Il se trouve en quatrième de couverture : « Me voici devant une question paradoxale : en Europe et dans les pays riches, on n'arrive pas à jouir de la vie, alors que chez les plus pauvres, on est épanoui, et chaque minute apporte la simple joie d'exister. » Nom de Dieu ! La voilà, toute la maladie chrétienne. La perversion chrétienne. L'inversion chrétienne. Plus est moins. Moins est plus. Les premiers sont les derniers. Les derniers, les premiers... Il est plus difficile à un riche d'entrer au royaume des cieux qu'à un chameau de passer par le chas d'une aiguille... Les marchands du Temple... Le pharisien et le publicain... Et cet ultime glaviot de toutes les envies : heureux les pauvres en esprit...

La différence. La hiérarchie. La distinction. Voilà tout ce que le Christ, cet avorton, ce fils de l'homme, ce fils de tout le monde et de n'importe qui, ce fils à jamais sans père, ne savait pas... Ne pouvait pas...

Toute distinction est anale. Et comme ce sphincter mal aimé, elle repose sur l'ouvrir et le fermer. L'inclusion et l'exclusion. L'intérieur et l'extérieur. Le ceci et le cela. Le ou bien /ou bien. Jésus, ce nihiliste inventeur d'une érotique de l'indifférenciation, avait-il un anus ? Enfin une question théologique d'importance ! *De l'anus du Christ… De ano Dei…*

Le plaisir du trop-plein, l'aisance tranquille et sûre d'elle-même, l'élégance naturelle, c'est-à-dire le plaisir aristocratique, tout cela, à cette pensée pour esclaves, est anathème et vomissements. À la vue, à l'approche, à l'odeur lointaine de tout ce qui est grand, c'est-à-dire de tout ce qui est facile, ils se hérissent, ces débiles, et soufflent comme des chats giflés. Le christianisme, lèpre de l'Occident, corrompt de son souffle fétide, de ses doigts pourris, tout ce qu'il touche. La maladie, toute maladie, est sienne. C'est là, sa condition de possibilité, sa catégorie, sa jouissance. Son sexe, en somme.

Le christianisme… Cette désolée gâteuse, cette vieille toute de deuil infini, cette navrante sorcière, qui ne mouille plus que de lécher, et à quatre pattes, les ulcères de Job. Et ces ulcères justement lui sont sacrés. Ils ne doivent pas… Ils ne peuvent pas guérir. On a besoin d'eux… Ils sont la démonstration ultime de la vérité christique. *La preuve par pus !* Pauvre Job, idiot de la famille. Mais idiot utile…

Voyage. Au bon chic humanitaire, il est une posture très tendance. C'est celle du spectateur/soignant sidéré d'humilité devant « l'Autre » souffrant. Aussi importe-t-il, dans le discours, de conférer à cet Autre la majuscule qui lui revient de droit. Oralement, on comprendra évidemment que c'est là chose assez malaisée. Néanmoins, une pose significative appuyée ou non – c'est selon – d'un léger haussement de sourcils, avant de prononcer « l'Autre » comme on laisse sur la langue courir la saveur d'un grand bordeaux, est d'habitude suffisante et les *cognoscenti* apprécieront[1]…

Il conviendra ensuite d'expliquer à la poignée d'hypertriglycériques qui vous écoutent avec ce mélange d'excitation et de mépris secret réservé aux « hommes de terrain » que contrairement à ce que l'on pourrait croire, vous ne lui avez rien apporté à lui, « l'Autre ». L'Autre pouvant indifféremment être indien famélique, rescapée génocidaire, sidéen congolais ou clodo de la Contrescarpe, peu importe… *Pourtant*, direz-vous, faux naïf, *pourtant au début j'avais des illusions, je me sentais fier et porté par mon savoir hautain d'Occidental, de médecin, de soignant, de rationaliste…* (ici encore, les variantes abondent et se valent).

Et puis… Et puis (baissez à présent la voix d'une demi-octave pour bien montrer que les choses deviennent sérieuses), *ce n'était pas aussi simple. Progressivement j'ai mesuré à leur contact la relativité de toute chose* (ça ne veut rien dire, mais les ploucs confondent souvent cela avec la profondeur). *Petit à petit, mes certitudes se sont envolées. Et finalement, je me demande si ce ne sont pas eux qui m'ont plus appris que je ne leur ai, moi, apporté*. Cette inversion des rôles entre maître et élève, soignant et soigné, arroseur épistémologique bien heureusement arrosé, est du dernier cri démocratique. Elle relève à la fois de l'inversion hiérarchique d'un égalitarisme fort séant et du fétichisme plaisamment rousseauiste du bon sauvage.

1. *Nota bene* : « l'Autre » n'a pas de pluriel. Laisser, par mégarde, échapper « les Autres » gâcherait complètement l'effet et serait d'un provincial achevé.

Voilà, il ne vous reste qu'une dernière touche à apporter pour conquérir définitivement le cœur palpitant des femmes de dentistes de votre auditoire : méditatif, le regard à la fois lointain et intérieur, vous ajouterez : *au fond c'était un voyage initiatique*. Là non plus, personne, et surtout pas vous, n'a la moindre idée de ce dont il s'agit (initiation à quoi ? par qui ? comment ? et pour quoi faire ?), mais cela n'a aucune importance. Vous brillâtes. Un instant, vous fûtes divertissant, et c'est bien tout ce qui compte. On s'ennuie tellement dans les dîners...

Il se trouve ainsi une espèce particulière d'esthète de la misère, de l'horreur de l'homme. Cette espèce est voyageuse. Elle virevolte, comme les mouches, autour de tous les charniers, de tous les massacres. Autour de toutes les hontes. Il fut un temps où l'on n'était rien à Saint-Germain si l'on n'avait pas réussi à parasiter une mission quelconque pour aller au Rwanda, *se rendre compte*... Évidemment, au retour (et les amis s'y attendent) il faut oser commettre sur cette *douloureuse expérience*, sinon un livre (ce qui prend tout de même du temps), tout au moins un article bien senti... On y parlera peu de « l'Autre » justement, mais bien plutôt de soi, de ce cher soi, encore et toujours lui, de ce soi souffrant pour l'Autre et à sa place. D'ailleurs, un peu d'expérience montrera rapidement que rien n'est plus invendable, incommunicable et parfaitement emmerdant que « l'Autre » en soi.

Ce dernier, qui généralement *en soi* dégage un parfum bien trop capiteux pour nos narines civilisées, ne présente *en soi* absolument aucun intérêt. Son malheur ne devient consommable que médiatisé par le transfert, l'identification possible. Et cette dernière ne se fait jamais qu'indirectement, de Blanc à Blanc, de Civilisé à

Civilisé, de lecteur à auteur, de bien portant au médecin du lointain… Derrière le prétendu souci exotique de « l'Autre », ne se cache jamais que le bon vieux Moi. Le « Même », en somme. Le Même que Moi, exactement…
L'esthète humanitaire ne reste jamais longtemps en place, car cette jouissance de l'affliction, justement, ne survit que de survol. Toute profondeur la tue. L'esthète du malheur est Don Juan. Il a séduit ici. Il a séduit là. Il est déjà parti. Il est toujours ailleurs. Don Juan sent la mort.

Contrairement à ce que l'on pourrait craindre, en situation extrême, l'homme s'habitue très vite à l'atroce. Il est une heureuse facilité à supporter la vue du sang. Le sang des autres, bien entendu…

Il est des salauds compassés qui s'enorgueillissent d'aller à la *rencontre* des pauvres sans rien leur offrir en échange. Ces foutriquets délicats considèrent en deçà de leur dignité de polluer la hauteur de leur propos par la vulgarité du matériel. Ces belles âmes, hystérisées et anorexiques par procuration, en oublient qu'elles ont chaud, elles, qu'elles mangent, elles, qu'elles ont, elles, un endroit pour chier tous les jours. Elles sont sans corps. Ce sont des fantômes, des ectoplasmes. Seuls comptent la qualité du contact, la beauté du moment, le perpétuel miracle de l'humain. Cet *humain*, dans leurs têtes vides et leurs bouches sévères, se pare d'indicibles profondeurs romantiques. Il est la mesure de toute chose. Il grossit, il enfle, il gonfle jusqu'à devenir à lui seul le cosmos entier. Et toute métaphysique... Cet *humain* implacable, de par sa seule et immanente puissance, finira bien, c'est sûr, par apprivoiser les hommes, tous les hommes, et jusqu'au dernier homme...

Apprivoiser. Quelque chose dans ce terme sonne doux à leurs oreilles bouchées. Il y va de l'effluve de la bête, du sauvage dompté par le regard supérieur et mâle du dresseur, du missionnaire, du colon... Ainsi, le maître, par le don structurant de l'esclavage, civilise-t-il l'esclave... C'est qu'il faut apprivoiser l'exclu. L'attirer doucement. Le séduire. L'acheter. Le piéger d'amour pour le guérir. Et le châtrer...

Il est des amis de l'Homme qui ne donnent rien que des paroles élevées et apaisantes. Ils ont trop, bien trop de respect pour la noble figure du pauvre pour oser l'avilir d'un malheureux sandwich...

En fait de sandwichs, il circule des camionnettes de charité. Lorsque s'ouvrent les battants de la porte arrière, le mendiant, les larmes aux yeux, avec à l'âme des souvenirs de paix lointaine, découvre, étonné et ravi, un autel. À heures fixes, on y sert *al fresco* le corps du Christ. D'un contenu calorique négligeable. Mais justement, c'en est encore meilleur... Et ces pignoufs n'ont même pas l'élémentaire décence de la communion sous les deux espèces... Alors qu'un coup de blanc, lorsque tout est dit, lave tout de même le rein...

L'amour. L'amour. L'âââmoûûûr. Ils n'ont que ça en tête, en langue, aux yeux, au fion. L'amour est à la fois la question et la solution. L'alpha et l'oméga. La réponse universelle. La guérison de tous les maux... Comme si l'amour ne portait pas sa part d'ombre, son ambivalence, sa haine cachée, sa destructivité dévorante... Comme s'il était autre qu'un affect. Comme si tout affect, de par son essentielle labilité, n'était pas essentiellement suspect. Comme si, enfin, comme si surtout, la pensée n'existait pas.

Il est vrai que la pensée est distance. Et le concept, froid. Il est vrai que la pensée est phallique puisque curieuse et pénétrante. Foncièrement, farouchement, épistémophile est toute queue.

Hélas, les temps sont vaginaux. La mode est à la chatte. À ses douces et indistinctes tiédeurs. À sa timide obscurité. À sa gentille confusion. À l'englobante et empathique compréhension, plutôt qu'à la castratrice distinction. Tous, à la table de la déesse Mère, sont invités. À l'auberge de la bien-pensance démocratomane, on entre au Royaume des Cieux comme dans un moulin. Christianisme encore. Christianisme toujours. Jésus est mort mais son insaisissable cadavre schlingue à tout vent. Cette peste est d'ailleurs la seule et indiscutable preuve de son omniprésence.

Pour autant, ils auront beau faire, l'amour sans sexe ne sera jamais qu'une sorte de choucroute sans saucisses. Approximative. Insatisfaisante. Incertaine. Et ne tenant pas au corps...

Entertainment, disent les Américains. Le terme recouvre à la fois les sens de « divertissement » et de « spectacle ». Il vient du verbe français « entretenir ». Mais que faut-il donc à ce point fiévreusement entretenir ? Soutenir ? Cajoler ? L'attention, sans nul doute. C'est l'attention qu'il faut capter pour mieux et à tout prix la détourner d'autre chose. De quoi ? Pascal, évidemment, le savait bien, pour qui tout divertissement était détournement de l'idée, de l'évidence incontournable de la mort. De ce divertissement métaphysique, la télévision a élargi la recette : définitivement, l'objectif stratégique sera d'abolir la possibilité même de toute pensée en général. Pensée de la mort. Du temps qui passe. Pensée de la vacuité. De la stupidité foncière de l'existence. De l'aliénation. Pensée de la liberté, surtout. Surtout, de la liberté... De toute pensée quelle qu'elle soit. Et cela – et là résident le vrai tour de force, l'ultime raffinement de la ruse – même et surtout lorsqu'on y fait semblant de parler de choses sérieuses.

Être ou ne pas être un clown. Il a écrit un livre sur les clochards. Le livre se vend bien, alors on l'invite à participer à une émission *culturelle*. Il y a là Monsieur Loyal, présentateur vedette, agité, vulgaire, et illettré comme il se doit. Il est entouré de quelques comparses.

– Le sage d'âge mûr (mais sans prétention aucune, un homme modeste doté de nombreuses raisons de l'être), qui est là pour prétendre élever le débat et ainsi légitimer l'appellation *culturelle* contrôlée.

– Le jeune homme *brillant* du Tout-Paris littéraire, aux audaces pour sous-préfectures, aux révoltes convenues, aux indignations téléphonées. Il est bon que ce dernier, s'il veut faire carrière médiatique (et quelles seraient pour ce bon à rien, on se le demande, les alternatives ?), puisse être facilement reconnaissable. Aussi choisira-t-il un signe distinctif quelconque et de préférence légèrement ridicule, dont il est prié ensuite de ne pas changer.

Lunettes absurdes, chemise bleue – le bleu passe mieux à l'antenne – systématiquement ouverte, à condition toutefois d'être imberbe, la pilosité étant par trop porteuse d'une inquiétante virilité..., coiffure gravitationnellement impossible, mais à quoi sert la laque...

– Et, bien entendu, l'incontournable femelle mal élevée à souhait, mais, comme l'indique son oblatif décolleté, incontestablement mammifère cependant... De prime abord on la croit demi-péripatéticienne. Mais on s'aperçoit vite qu'elle n'est pas fille à faire les choses à moitié...

D'abord, l'invité, on le maquille, ce qui n'est pas fait pour lui remonter le moral. Ensuite, il attend son tour, dans une pièce vague où traînent quelques bouteilles d'eau tiède et de jus de fruits. En attendant, il peut suivre l'émission (*enregistrée dans les conditions du direct*) sur un petit écran. L'invité qui le précède est une sexagénaire. Ancienne vedette (!?) du porno. Ce qui ne remonte pas le moral non plus... Elle a écrit ses souvenirs.

« C'est chaud », avertit le présentateur avec un clin d'œil aguicheur (mais se mordre les lèvres était-il vraiment nécessaire ?). L'écrivaine égrène, avec des minauderies de collégienne, quelques insinuations crapuleuses relatives à ses goûts zoophiles.

C'est son tour. Une gamine pressée le conduit sur le plateau. L'amie des bêtes n'est plus là. Après chaque client, les « journalistes » papotent entre eux.

– Elle est pitoyable, cette pauvre femme, lance Monsieur Loyal.

– De toute façon, c'est n'importe quoi cette émission, se récrie le jeune homme *brillant*.

L'ancêtre décati, déjà, somnole. Le soutien-gorge, comme d'habitude, ne songe à rien, sinon, peut-être, à la douce mélancolie du lait qui caille...

Il arrive, colporteur de misère et de drame. On se redresse un peu à son approche. On se prépare à faire sérieux. On lui dit bonjour d'un air pincé, un peu comme si on avait affaire à un curé. On lui explique sommairement les questions que l'on va poser. Il les connaît par cœur. Ce sont presque toujours les mêmes. « Pourquoi les clochards ? N'avez-vous pas craint de le devenir vous-même ? Ça doit être terrible, non ? On ne doit pas, tout de même, en sortir indemne ? »

Ça tourne. Monsieur Loyal, l'air endeuillé par une perte récente et chère, le présente : singe distingué savant et homme de terrain. Depuis le temps, il a compris que l'appellation « homme de terrain » dans la bouche des politiciens et gens de télévision signifie à peu près : « laborieuse andouille »... Néanmoins, de plus en plus las, il fait son numéro. S'efforce par la mine et le regard de projeter un je-ne-sais-quoi d'aventurier des temps modernes, Indiana Fucking Jones... Raconte vite – et en un choix de mots n'excédant sous aucun prétexte trois syllabes – quelques diabétiques anecdotes. Convoque la pitié, le pathos, et jusqu'à la mort elle-même. Et sème au passage – le contraire décevrait – quelques asticots... Il conclut par une ou deux anxiolytiques lénifiances du type : « Ah, l'homme, en définitive, n'est-il jamais aussi grand que dans la douleur ? »

Le tout d'un ton, d'une voix, d'une posture qui ne sauraient manquer de révéler, *de par-delà une grande pudeur*, la plus délicate des sensibilités. Bref, il est abject à souhait. Aussi sa prestation est-elle un succès. Quand on coupe les caméras, même les techniciens viennent lui serrer la pince... Tout le monde est bien ému. Dans les foyers, c'est sûr, ça va cartonner sec. Y aura du sentiment pour tous. Et de l'horreur. Et du sang. Du chaud. Du frais...

Tant il est vrai que pour le show-biz, on n'a toujours pas trouvé mieux que la vieille recette de la poétique d'Aristote : de la pitié et de la terreur. À donf ! Surtout, ne zappez pas...

C'est fini. Comme chaque fois, il a honte. Honte de lui. Honte de tout. Bien sûr, il se dit, comme tout le monde, que l'on ne peut exister sans médias. Qu'il vaut mieux ça que rien. Qu'il a fait ce qu'il a pu. Que la chose, par essence, est populaire. Qu'il est inévitable que le pire y côtoie le meilleur. Mieux, que le pire, justement, y est la condition de possibilité même du meilleur. Vieille blague éculée de l'optimisme lobotomisé...

Il n'en croit pas un mot. Il sait bien, au fond de lui-même, que le piège est infernal. Qu'il n'est jamais, lui et les fantômes qu'il trimbale, ces pauvres, ces poux, ces cadavres émaciés, qu'*entertainment*. Ni plus ni moins que la vieille pornographe, les dents anormalement blanches de Monsieur Loyal, ou la poitrine obusienne de la bimbo de plateau... Distraction. Bruit et fureur. Historiette parmi d'autres, ânonnée par des abrutis à l'intention des caves...

Il se dit que la représentation a bouffé tout l'objet. Qu'il ne reste rien, que des images et du vent. Qu'il n'y a plus d'X transcendantal. Que le réel est dans la Lune. Que le vieux Kant est bien foutu. Et qu'est advenu le règne cauchemardesque de la subjectivité pure. *The world's a stage*. Du show-biz. Plus rien que du show-biz !

– Monsieur Céline, qu'attendez-vous de la sortie de votre prochain livre ?

– Une avance de Gallimard.
Seule réponse raisonnable à une question idiote.

Parmi les multiples manifestations de l'atroce au sein de la banalité béate, il en est une qui est particulièrement odieuse de par sa festivité même. C'est le jeu télévisé à but charitable. On y donne à quelques « célébrités » l'opportunité d'y étaler leur savoir en leur posant des questions subtiles, du genre la couleur du cheval blanc d'Henry IV ou, parmi les quatre fleuves suivants, un seul n'est pas français : la Seine, la Garonne, le Yang-tsé-kiang, le Rhône… Les défenses d'éléphant sont-elles l'excroissance démesurée des incisives, des prémolaires ou des canines ? Ah ! Ou encore : où trouve-t-on le lamantin ? En Sibérie, en Antarctique, en Floride, au parc Montsouris ? Oh ! Voulez-vous un joker ou préférez-vous l'aide du public ? Attention ! On ne souffle pas. On gagne… On perd…

Ainsi joue-t-on des sommes importantes (pas trop quand même, faut pas déconner non plus) destinées à des associations diverses. Ô causes désespérées, avez-vous donc une âme… Tout est bon : de la maladie orpheline aux orphelins tout court, du rhume des foins aux catastrophes naturelles, des Enfants de Marie aux couilles du pape…

Les représentants des associations sont là, au premier rang des spectateurs. On les reconnaît facilement. Ce sont, malgré leurs pathétiques efforts, invariablement, les plus mal habillés… Ils hochent la tête. Ils apprécient. Ils remercient d'un petit sourire… Leur rôle est essentiel. Ils apportent une touche de gravité, de sérieux. Ils représentent la souffrance du monde. Or, sans elle, pas de vraie rigolade possible. Même que c'est ça qui lui donne tout son sel, à la rigolade. Qu'elle s'en trouve encore bien plus bandante… Aux réjouissances de la masse, rien de gai sans une pinte de sang… Vive la Sociale !

Une variante consiste, au prix de quelques acrobaties infantiles réalisées en l'inévitable compagnie de serpents (Bêêêh !) ou d'araignées (Aaaaah !), de résoudre une *énigme* pour cruciverbiste alzheimerien.

Bien sûr, si l'on se trouve malencontreusement ignorer le nom du chef-lieu de la Haute-Vienne, la superficie (approximative, bien sûr, on n'est pas des bêtes) du Tadjikistan, ou que Molière, contrairement à la rumeur, n'est pas mort dans un accident de ski nautique, quelques gosses myopathes mourront sans avoir leur mère auprès d'eux puisqu'on aura – hélas ! mais le jeu est le jeu – paumé le fric nécessaire à l'aménagement de chambres parentales. Dommage… Et sidérant d'inqualifiable frivolité. De quoi, au Colisée même, couper l'appétit à tout lion normalement constitué…

– C'est votre dernier mot ?

– C'est mon dernier mot, Ducon.

De la plume de Nicolas Sarkozy : « D'ailleurs si l'Église de France n'a pas le souci des plus pauvres, qui l'aura [1] ? » Mordons l'originalité de cette réflexion du peut-être futur garant de l'égalité et de la fraternité républicaines… À qui donc faut-il remonter pour trouver comparable audace en matière de vision sociale ? Monsieur Thiers ?

1. Nicolas Sarkozy, *La République, les religions, l'espérance*, Cerf, 2004, p. 26.

Attardons-nous un instant à ce petit Nicolas. Non pas, loin s'en faut, parce qu'il représenterait en lui-même un quelconque intérêt. Peu importe son avenir électoral, l'histoire, en bâillant, se prépare déjà à oublier son nom, politicaillon populiste et gaveur de foules parmi tant d'autres nullités... Seul compte le général au sein du particulier, bref, le cas. Le cas Sarkozy en ce qu'il se manifeste dans la loi dite « sécurité »...

Les optimistes furent nombreux à se réjouir de la réforme du code pénal de 1994. Le délit de vagabondage disparaissait des textes. Cela signifiait qu'il ne demeurait aucune légitimité juridique au ramassage forcé des sans-abri par les forces de l'ordre. Cela signifiait que la coercition, source de violence structurelle, devenait illégale. Certes, dans les faits, les choses étaient plus nuancées que cela, puisque de nombreuses villes, à coup d'arrêtés municipaux interdisant la mendicité dans certains quartiers, continuèrent tranquillement, et sciemment, et dans la lâche complaisance générale, à contourner l'esprit de la loi... Néanmoins, l'abolition du délit de vagabondage, avec ce qu'il véhiculait de la persécution de classes fantasmées dangereuses, apparut comme un indéniable progrès et la preuve de l'évolution des mentalités face aux angoisses suscitées par le pauvre sans feu ni lieu et que l'on soupçonnait trop facilement d'être, du même coup, sans foi ni loi. Enfin, nous quittions le XIXe siècle et son archipel de *workhouses*, prisons pour pauvres astreints au travail forcé, disséminées dans toute l'Europe.

C'était sans compter sur la campagne présidentielle de 2002, où, à force de centrer le débat sur des enjeux sécuritaires largement imaginaires, le Front national parvint à se hisser au deuxième tour. La France se fit peur. La France se fit mal. Mais la France, de cette souillure, n'apprit rien. Aussi, la droite victorieuse adopta la courageuse stratégie, pour mieux protéger la démocratie du néofascisme frontiste, de donner au bon peuple à l'haleine chargée ce qu'il semblait réclamer à grands cris, c'est-à-dire du Le Pen, mais du Le Pen un peu pasteurisé, du Le Pen approximativement assaini, du Le Pen *light*. Les deux millions de pigeons ayant défilé le 1er mai 2002 dans les villes de France pour dire, non pas évidemment, leur soutien au président sortant, le pauvre, mais leur refus du Front, en furent quelque peu chagrinés… Ça leur apprendra, ces pommes, à croire encore à l'Histoire, à l'Homme, et à l'Avenir… Et Sarkozy vint. Et, avec lui, le fruit de ses entrailles : la loi Sécurité.

Une loi salope, qui s'attache à la traque et au harcèlement des plus pauvres et des plus faibles. Entre autres, les clodos y retrouvent leurs vieilles copines, les putes. Ça fera de beaux enfants…

« Le fait, par tout moyen, y compris par sa tenue vestimentaire ou son attitude, de procéder publiquement au racolage d'autrui en vue de l'inciter à des relations sexuelles en échange d'une rémunération ou d'une promesse de rémunération est puni de six mois d'emprisonnement et de 3 750 euros d'amende. » C'est renforcer la vieille hypocrisie. La prostitution, comme telle, n'est pas interdite, mais le racolage l'est.

Le résultat, prévu et dénoncé par l'ensemble des observateurs du milieu prostitutionnel, ne se fit pas attendre :

1) la prostitution, par nécessité, se fait clandestine ;

2) tout ce qui est clandestin fait la partie belle à la criminalité ;

3) donc l'insécurité des prostitué(e)s et de leurs clients augmente.

Résultat : une augmentation du risque sécuritaire et sanitaire.

CQFPD. Ce qu'il ne fallait pas démontrer...

Pourtant, le racolage, Nicolas Sarkozy, cet idéologue pour foire agricole, ce Marc-Antoine de kermesse aux boudins, devrait s'y connaître un brin...

La mendicité « en réunion et de manière agressive » ou « sous la menace d'un animal dangereux » est, elle aussi, passible de six mois d'emprisonnement et de 3 750 euros d'amende. Mais qu'est-ce au juste que mendier agressivement ? En demandant assis, couché, debout ? Un peu, beaucoup, passionnément, pas du tout ? Et qu'est-ce qu'un animal dangereux ? Un chien fatigué ? Un chat ? Une puce ? Et comment réunir la somme fabuleuse de 3 750 euros ? En mendiant ? On le voit, c'est la régression juridique et la porte ouverte à l'arbitraire de l'interprétation policière. C'est le retour du harcèlement des pauvres pour nulle autre raison que leur pauvreté même. Honte à celui qui humilie le pauvre. Honte à celui qui nourrit sa force de l'oppression des faibles...

Et pourquoi cette débauche législative superfétatoire alors qu'existent des lois, dont personne ne conteste le bien-fondé, relatives à l'atteinte à la pudeur, à l'extorsion, au racket ? Pourquoi ? Pour rien. Mis à part plaire aux foules. Amuser la galerie. Jeter un peu de viande aux chiens...

Il y a quelques mois, des réfugiés afghans, certains sans papiers, d'autres en attente d'une décision relative à leur statut administratif, dormaient, comme ils le pouvaient, aux alentours de la gare de l'Est, à Paris. Cela faisait désordre. Et le désordre incommode les riverains. La police, en déchirant leurs malheureux cartons, en arrachant leurs quelques bâches de plastique contre la pluie, les chassa. Ils revinrent... En haut lieu, on se concerta. On réfléchit. On chercha la solution habile. On la trouva. Intellectuellement, elle était fort satisfaisante et permettait, outre le goût du règlement, de donner à ces sauvages une leçon de cartésianisme, fleuron, comme on sait, de notre contribution à la civilisation mondiale : ils furent verbalisés. Motif de l'infraction : camping sauvage !

Certains *droit-de-l'hommistes*, égarés par une sensiblerie déplacée, verraient peut-être dans ce cynisme cinglant quelques raisons de se tourner face contre terre. Ils auraient, comme toujours, gravement tort. Monsieur le ministre de l'Intérieur, Nicolas Sarkozy, toujours lui, et qui d'ailleurs, par une heureuse coïncidence, se trouve justement être aussi l'inventeur de l'expression *droit-de-l'hommiste*, bon mot qui, n'en doutons pas, doit déclencher une franche et sans complexe hilarité dans les caves des commissariats de Belleville à Istanbul... Le Ministre-minustre, dis-je, est formel : « Le policier, le gendarme ont cette chance de savoir pourquoi ils se lèvent le matin[1]. » Lorsque pastis rencontre Dasein...

– Loi salope... Minustre... Le rectum de Notre Seigneur... Vous allez trop loin, Declerck. Vous vous laissez aller. Vous avez tort. Cela ne se fait pas, ruine votre crédit

1. N. Sarkozy, *op. cit.*, p. 50.

et déforce votre argumentation. Restez courtois, mon vieux, quoi…

– Non, cela ne se fait pas. Cela ne se fait plus. Pourtant, il fut un temps… Lorsque certains osaient écrire comme l'on se battait… À la pointe de l'épée… Au péril de leur vie… Au mépris de la Bastille… À la morsure de la bastonnade… Un temps, il faut croire, autrement audacieux…

Mais nous ne sommes plus de cette trempe-là. Nos révoltes ne sont que soigneusement collectives et prudemment pétitionnaires. Nos haines sont toutes conceptuelles. Nos colères tièdes. Et ce qui passe encore pour nos ennemis, des entités immatérielles, sans chair, sans force et sans substance. Idéeïcules… Nous ne nous mesurons plus qu'à des fumées. Il faut dire aussi que c'est plus sûr ainsi…

Nous survivons, petits amas de poussière grise qu'à peine remue, de temps en temps, quelque bavard courant d'air…

We are the hollow men
We are the stuffed men […]
Nous sommes les hommes creux
Nous sommes les hommes empaillés
Appuyés les uns contre les autres
La tête remplie de chaume. Hélas !
Nos voix basses et desséchées, lorsque
Nous murmurons ensemble
Sont dénuées de sens
Comme le vent dans l'herbe sèche[1].

1. T. S. Eliot, *The Hollow Men*, 1925.

– Vous qui avez vécu, dormi dans la rue, hein ? il y a bien des moments où vous n'avez pas dû en mener large…
– Oui.
– Dites. De quoi aviez-vous le plus peur ?
– De la brutalité des flics.

J'ai sous les yeux un document dont je ne me lasse pas. Daté du 29 octobre 2004, il émane du bureau du directeur des affaires sanitaires et sociales de Paris. Ce n'est pas de sa faute, il ne fait que transmettre les instructions de Mme la secrétaire d'État à la lutte contre la précarité et l'exclusion, elle-même, en dernière analyse, femme de ménage au ministère de l'Intérieur…

Il a pour titre « Protocole hivernal 2004-2005 » et s'ouvre dans le plus pur style pompier-pompeux qui tient lieu de pensée aux bureaucrates – ces grands anxieux qui, en d'autres temps, se seraient frileusement réfugiés dans l'obsessionnelle pénombre des monastères : « Le dispositif d'accueil, d'hébergement et d'insertion pour la période hivernale 2004-2005 prescrit par la circulaire de Madame la ministre déléguée à la lutte contre la précarité et l'exclusion en date du 18 octobre 2004, requiert l'ouverture de structures d'accueil ou d'hébergement supplémentaires sur Paris pour la période du 1er novembre au 31 mars. »

Outre que l'ennui mortifère qui sourd de ces mots desséchés aurait de quoi rendre alcoolique le plus sobre des chameaux du Prophète lui-même, et que l'on sente après la seule lecture de cette première phrase que l'on n'est pas parti pour rigoler, deux petits détails devraient d'emblée attirer l'attention et inquiéter.

D'abord les dates. La circulaire du 18 octobre ? Vraiment ? Et pour lancer une opération d'aide à la survie douze jours après... Qu'est-ce donc que cette étrange et fausse précipitation ? Quelle nouvelle étonnante a-t-on apprise pour bousculer les choses aussi tardivement ? Qu'il fait plus froid en novembre qu'en août ? Qu'après l'été vient l'automne ? Après l'automne, l'hiver ? Et le dispositif s'appliquera du 1er novembre au 15 mars. Pourquoi donc commencer si tard ? Et pourquoi arrêter si tôt ? Et comment comprendre tout cela, toute cette gesticulation pseudo-solidaire, cette monstration du souci administratif, autrement que comme un exercice, une mise en scène publique d'un sadisme non moins public, vis-à-vis d'une classe haïe et chichement tolérée, préservée du pire en traînant des pieds, et à cœur lourd de ressentiment...

Et puis, insidieux comme un prurit naissant, le petit vocable de « l'insertion ». C'est bien, on l'annonce, on le souligne, d'un dispositif d'accueil, d'hébergement et d'*insertion*, qu'il s'agit ici. Surtout, qu'on n'aille pas croire autre chose. On n'a rien pour rien. Même jusqu'au seuil de la mort et de l'hypothermie, on va encore les faire suer d'espoir, de notre espoir, les pauvres. C'est pas pour éviter qu'ils crèvent qu'on les aide, non, c'est parce qu'à moitié morts, congelés, transis, comme ils sont, il reste encore peut-être un micro-poil de petite chance d'en faire des citoyens honnêtes et productifs... Mais un peu de patience. Revenons au texte, car il y a mieux. Oh, il y a tellement mieux...

Il y a « l'organisation du dispositif d'hébergement

d'urgence qui se décline en trois niveaux ». Au fur et à mesure de ces trois niveaux, plus ou moins de lits seront disponibles, plus ou moins de personnels seront affectés aux maraudes qui vont chercher les gens dans la rue, plus ou moins d'argent sera déboursé pour faire fonctionner cette mise à l'abri perpétuellement bricolée. Trois niveaux que définit la température extérieure… Venez. Venez. Approchez… Dans le genre humour noir, *Galgenhumor*, humour de potence, comme disent les Allemands, vous allez voir… Ça vaut le détour…

« Niveau I (mobilisation hivernale) : celui-ci est opérationnel du 1er novembre au 31 mars, avec un accroissement du nombre de places d'hébergement d'urgences prévues sur Paris et en banlieue. 672 places supplémentaires sont ouvertes au 1er novembre. Au 1er décembre, 320 places s'ajouteront au dispositif de niveau I. » Mais ce niveau I, à y regarder de plus près, n'en est pas tout à fait un. Il y a I et I *bis*. Ce dernier ne débutant véritablement qu'au 1er décembre… Mais vantera-t-on jamais assez les mérites de la vie au grand air pour la santé ?

« Niveau II (plan grand froid) : comme l'an passé, il correspond à des températures négatives le jour et comprises entre – 5 °C et – 10 °C la nuit. "L'indice de refroidissement éolien" produit cette année par Météo France, en complément des températures effectives, rendra mieux compte des risques encourus par les personnes à la rue que celle de "température ressentie" utilisée l'an dernier. Les places supplémentaires de niveau II effectivement mobilisables à ce jour sur Paris sont au nombre de 69, non compris les Espaces Solidarité Insertion. 120 places supplémentaires seront disponibles à compter du 15 novembre. » Indice de refroidissement éolien ? Échelle de température ressentie ? Le cautionnement scientiste du charabia météorologique est à hurler. Les risques encourus ? On plaisante ! Rappelons à ces nouveaux Diafoirus cette éternelle vérité physiologique qui veut que la température corporelle d'Homo sapiens est, en toutes circonstances et en toutes latitudes, de 36,8 °C. Méditons l'affreuse leçon de la deuxième loi de la thermodynamique : le chaud inexorablement se refroidit…

Ont-ils idée, même approximative, ces Tartuffes de la fausse urgence, de ce que représente l'horreur inexprimable du froid sans fin ? De la nudité radicale, existentielle de l'être que représente la survie à la rue ? De ce qu'il faut au sujet d'ineffable ténacité et de grandeur – oui, de grandeur – pour survivre à une seule de ces nuits de douleur ?

« Niveau III (froid extrême) : ce plan “grand froid renforcé” correspondant à des températures climatiques particulièrement difficiles (températures inférieures à – 10 °C la nuit). Ce niveau de crise grave dépasse les seuls moyens de la Direction départementale de l'action sanitaire et sociale (DDASS) notamment en matière d'ouverture de places supplémentaires puisqu'il permet de mettre en œuvre les différents plans de sécurité civile. Les places supplémentaires de niveau III actuellement prévues concernent comme l'an dernier la mise à disposition de 4 gymnases de la Ville de Paris pour un total de 240 places. » Apprécions qu'à – 10 °C, on se trouve à un « niveau de crise grave » ! En bonne logique, on comprendra donc rétrospectivement qu'en deçà de ce seuil, les choses étaient désespérées certes, mais finalement pas graves…

« Comme l'an dernier, les niveaux II et III sont déclenchés par le Préfet de Police, préfet de zone de défense. » Vraiment, Monsieur le Baron est trop bon…

Que se cache-t-il derrière cet énoncé du pouvoir, ces précisions exhaustives, ce phrasé affairé ? Lit-on un protocole d'aide et de sauvegarde des vivants ? Y trouve-t-on un réel et pragmatique souci des plus pauvres et des plus faibles ? Qui peut sérieusement le croire ? Décembre à mars ? – 10 °C ? Au-delà de – 10 °C ? 120 places supplémentaires ? Allons, ce n'est pas d'une déclinaison progressive de l'accompagnement qu'il s'agit ici, mais d'une graduation des seuils de tolérance à la souffrance, à l'hypothermie et à la mort. Tolérance, rien moins, en définitive, qu'à la torture. La torture ! Et tolérance de quel point de vue ? Du leur ? Mais non, du nôtre, évidemment. Nous autres. Toujours nous, les bienheureux, les gras, les bien chauffés.

C'est encore de nous qu'il s'agit, nous les travailleurs, les contribuables, les citoyens. Les vrais. C'est de notre tolérance qu'il s'agit. De notre tolérance à la souffrance des autres. Au spectacle de leurs souffrances. Et de leur mort. C'est de notre regard qu'il s'agit. Ce sont nos yeux qu'il faut protéger, nos sensibilités qu'il importe de ménager, notre culpabilité qu'il faut doser. Et surtout, nos valeurs à maintenir. Ce n'est rien moins qu'une limite thermique au contrat social qui est figurée ici. En deçà des seuils définis, votre mort éventuelle dans la rue fera scandale, car elle relève de la responsabilité de l'État et de la société. Au-delà, elle sera de votre fait, inévitable conséquence de vos choix existentiels masochiques, et, finalement, non événement…

Le masque tombe. Ce « Protocole hivernal », comme tout document de ce type, est moins l'annonce d'une mesure d'aide, que l'énoncé encrypté d'une *morale*. D'une morale et de ses inévitables compagnons : le permis, l'interdit, et le punitif… Il définit moins des seuils d'aide qu'il n'établit, en vérité, une tarification du péché. Du péché d'oisiveté, d'anormalité, d'incapacité à être. De l'impardonnable péché de monstruosité sociale.

Tarification, orthopédie et gymnastique. On va – il le faudra – marcher enfin droit. On va – il le faudra – marcher dans la nuit, sans but, sans autre fin que l'attente du matin et l'ouverture des gares et du métro. Marcher pour ne pas s'assoupir, car dormir est mourir. Marcher derrière le soleil pour enfin le rattraper à l'aube et que s'entrouvre enfin quelque part alors un peu de chaleur. Anfractuosité thermique dans laquelle, comme des rats fébriles, on se précipitera...

Dans les faits, on sait fort bien que l'hypothermie guette l'épuisé, le mal-nourri, le malade, à partir de 16/17°C... Il se trouve, par ailleurs, quelques larbins au service de l'oppression pour pondérer tout cela en rappelant avec un bon sourire que, hélas, on trouve aussi des hypothermiques en fin d'été, et ce, même dans le métro. Or dans le métro la température ne descend jamais en dessous de 16 °C... C'est dire s'il ne faut pas s'exciter et surtout ne rien prendre au tragique... Les mêmes cloportes s'appuient sur ces incontestables exemples pour louer la sagesse, espèrent-ils, du *statu quo*. Et croient y voir la démonstration que le métro n'est vraiment pas un endroit pour les sans-abri et que si on les en chasse, c'est en définitive, pour leur bien... Curieuse logique où le mieux vient au secours du pire pour en fonder la légitimité. Et où, puisqu'il n'est pas théoriquement impossible que, d'aventure, l'on crève à +12 °C, on peut aussi bien geler à –9 °C, sans en faire tout un fromage. Discipline !

Bien évidemment, un enfant de quatre ans conclurait d'évidence que dans le métro, il fait plus chaud que dehors, et que donc, d'hypothermie, on y mourrait moins... Forcément. Mais l'ordre social n'est pas un enfant de quatre ans...

La clinique, pour qui en a le goût et les yeux ouverts, est toujours surprenante. Tenez, cet articulet, par exemple, du journal *Libération* du 2 mars 2005. On y apprend qu'à la maison d'arrêt de Villepinte (Seine-Saint-Denis), cinq détenus ont mis le feu à leurs cellules du quartier disciplinaire pour protester contre le froid qui y régnait. Ils furent traduits en comparution immédiate devant le tribunal de Bobigny. Ce dernier ordonna une enquête sur leurs conditions de détention. L'administration pénitentiaire dut mesurer la température ambiante du bâtiment : 16,7 °C.

« Nous avions constaté ce problème de froid et fourni aux détenus deux couvertures supplémentaires, dont une pour calfeutrer les ouvertures », s'excusèrent les autorités carcérales. Un membre de l'Observatoire international des prisons conclut : « Le tribunal prend en compte le geste de survie de ces individus, qui demandent simplement le respect de leur dignité. »

16,7 °C...

Moralité : du point de vue du risque hypothermique, plutôt que d'être reconnu coupable du crime d'oisiveté, il est infiniment préférable d'avoir été condamné pour un crime tout court...

D'ailleurs beaucoup de bruit pour rien, ou presque. Futile agitation. Onaniste bla-bla. L'hébergement d'urgence ? La compassion de la République éplorée ? Poudre aux yeux. Fumisterie.

L'Insee, dans une enquête de 2001 [1], a constaté que la moitié des SDF dormant dans la rue disaient ne pas vouloir aller dans les centres d'hébergement. Pas par hasard… Et par folie, encore moins… Non, pour des raisons bien simples, bien concrètes, et systématiquement ignorées par les organisateurs de l'aide… Parce qu'ils refusent de « fréquenter d'autres hébergés », par « manque d'hygiène », pour cause « d'insécurité », et parce que les règlements qui y sévissent leur paraissent « inadaptés ». En clair, parce que ces lieux d'hébergement d'urgence sont mal surveillés et organisés à l'encontre des besoins réels des sans-abri. Et qu'on y a peur des autres, hommes et poux. Et qu'on a tout à fait raison…

Cet enthousiasme modéré du SDF pour l'hébergement d'urgence relève, d'ailleurs, d'une problématique parfaitement académique. La Fédération nationale des associations d'accueil et de réinsertion sociale (FNARS) [2], le 17 novembre 2004, dénonce l'insuffisance du nombre de lits d'hébergement d'urgence en Ile-de-France telle qu'elle apparaît dans l'analyse des demandes adressées aux Samu sociaux :

Yvelines : *86 % des demandes d'hébergement sont res-*

1. Cécile Brousse, Bernadette de la Rochère, Emmanuel Massé, « Hébergement et distribution de repas chauds : le cas des sans-domicile », *INSEE Première*, n° 823, janvier 2002.

2. La FNARS rassemble quelque 700 associations et organismes publics.

tés sans solutions en 2003, par manque de places d'hébergement disponibles.

Essonne : *40 % des demandes d'hébergement sont restés sans solutions en 2003, faute de places libres.*

Seine-Saint-Denis : *sur 155 demandes d'hébergement par jour en moyenne, le Samu social ne dispose le plus souvent que d'environ 15 places par jour et 20 places par nuit.*

Paris : *plus de 1 000 demandes par jour, pour moins de 100 places disponibles quotidiennement.*

Le Samu social de Paris, quant à lui, a recensé, en 2001, 30 000 personnes distinctes qui ont bénéficié de quelque 600 000 nuits d'hébergement sur l'année. Soit une moyenne de vingt nuits de mise à l'abri par personne et par an. Ne reste plus, somme toute, que la bagatelle annuelle de 345 nuits à passer dehors. Hardi, les gars…

Secrets de Polichinelle. Scandales éventés. Grotesque rassis. Indignations fatiguées. À l'année prochaine…

Combien sont-ils ? Combien sont ceux et celles pour qui dormir à la rue est une banalité de l'existence ? Combien sont à la rue de manière pérenne ?

« Il est raisonnable d'estimer qu'environ 100 000 personnes vivent à la rue à tout moment et de façon plus ou moins chronique », répondaient les gens de terrain. « Mais outre ceux-là, il est un autre cercle de 300 000 à 400 000 personnes qui gravitent dans les marges floues de la pauvreté extrême et qui, vaille que vaille, survivent (ou non) entre hébergements d'urgence, nuits d'hôtel ponctuelles, débrouilles diverses et la rue. »

« Alarmisme et démagogie », s'exclamaient les pouvoirs publics. « Les choses – pas de défaitisme, que Diable ! – ne vont tout de même pas si mal que cela... »

Foin de cette subjectivité, en 2001, on confia à l'Insee, l'étude précitée sur la population SDF en France. L'enquête eut lieu du 15 janvier 2001 au 15 février 2001 dans les agglomérations de plus de 20 000 habitants. Les résultats sont les suivants :

Durant cette période, en une semaine moyenne, 86 500 personnes âgées de 18 ans et plus ont bénéficié au moins une fois d'un hébergement d'urgence ou d'une distribution de repas chaud. De ces adultes, 63 500 se disaient sans domicile. Ils étaient, en outre, accompagnés de 16 000 enfants dont beaucoup étaient en bas âge. 6 500 personnes supplémentaires se disaient demandeurs d'asile. L'Insee estime donc à environ 86 000 le nombre des personnes sans domicile en France métropolitaine, en janvier 2001. Qui plus est, lors du recensement de la population de 1999, 51 400 personnes déclarèrent que l'hôtel était leur résidence principale. Ce recensement fit aussi apparaître que 41 400 personnes vivaient dans des habitations de fortune (baraques, chantiers, caravanes immobilisées...) et que 129 000 personnes (principalement des gens dits « du voyage ») vivaient dans des habitations mobiles. Par ailleurs, l'enquête hébergement de 1996-1997 estimait à 80 000 le nombre de personnes qui logeaient chez des amis.

Reprenons. La rue, l'hôtel pour deux ou trois nuits, les cabanes, les immeubles en démolition, les caravanes, les vieilles voitures, les copains qui vous foutront dehors d'un jour à l'autre... Total Insee : 387 800 personnes à la rue ou presque... Ces chiffres ne prennent en compte ni les squats, ni ceux qui, fuyants et sensitifs, évitent tout contact et ne formulent aucune demande, ni les SDF des villes de moins de 20 000 habitants. Et les choses, de l'avis général, se sont considérablement aggravées depuis janvier 2001. Et ce, particulièrement, en ce qui concerne les familles...

Conclusion : Oui, il est bien raisonnable d'estimer à une centaine de milliers les hommes, les femmes et les enfants à la rue en temps t. Et oui, *grosso modo*, au total, entre 400 000 et 500 000 personnes gravitent autour de ce trou noir qu'est la rue. La rue terreur. La rue menace pérenne. La rue aujourd'hui, ce soir, ou demain... La rue ou le suicide. La rue *et* le suicide...

Aux choses elles-mêmes ! Tel fut, au début du XXe siècle, le cri de ralliement lancé par Husserl à tous ceux qui, en philosophie, voulaient entreprendre autre chose. Un retour à Descartes et à Kant. Une investigation radicale, presque maniaque du cogito. L'examen minutieux de la conscience comme seul lieu de l'objectivité véritable. La conscience est toujours conscience de quelque chose. Il n'y a de réalité que de réalité pour soi. L'en soi, lui, est, depuis Kant, sinon fantasmatique, tout au moins radicalement et à jamais inconnaissable. Toute réalité connaissable est réalité de conscience. Retour donc aux choses elles-mêmes, aux choses telles qu'elles s'impriment dans les linéaments de nos perceptions. La phénoménologie était née... Elle apportait avec elle un nouveau souci tant épistémologique qu'éthique. Il importait par-dessus tout de suspendre tout jugement de fait comme de valeur, et sobrement, et méticuleusement, de se mettre à l'écoute du monde tel qu'il se manifestait à nous. Dans les méats des infimes et éphémères frémissements de nos consciences. Dans l'inépuisable ravissement des petits détails qui font le vrai monde et la vraie joie. C'était là une nouvelle manière de creuser, de mieux connaître, d'appréhender... Un regard autre. Une oreille différente. Un nouveau printemps à l'étonnement du monde. Une fugue, au fond, dans la célébration du vivant.

Aux choses elles-mêmes, exercice spirituel I : dormir. Vous plairait-il d'approcher un peu, d'éprouver quelque écho lointain de ce que dormir dans la rue véritablement signifie ? Voici la méthode. Elle est simple et sans risque.

Ne cherchez pas, d'emblée, la difficulté. Évitez par ailleurs trop de complaisance. Choisissez une nuit de demi-saison. Une nuit convenable, disons une nuit de fin octobre ou de début mars... Coupez le chauffage de votre appartement quelques heures avant le coucher et ouvrez toutes grandes les fenêtres. Au besoin, si l'exercice vous semble déjà déborder votre seuil de tolérance, allez dîner dehors, le temps que votre habitat se refroidisse jusqu'à atteindre le niveau de la température extérieure.

Voilà, la nuit maintenant est tombée. Vous êtes à présent chez vous. Habillez-vous chaudement, mais sans dépasser toutefois ce que vous pourriez endurer si vous deviez porter ces mêmes vêtements durant des semaines. Souvenez-vous de ce principe fondamental : ce que l'on possède à la rue, on le garde toujours sur soi, ou on se le fait voler à très, très brève échéance. Aussi, le pardessus est-il autorisé. Les vêtements de ski, en revanche, sont de la triche. Bien essayé...

Vous êtes habillé chaudement, comme vous le seriez, par exemple, pour faire une balade à la campagne. Installez-vous dans une pièce sans tapis et dallée de préférence. Évitons les parquets. Le bois, on le sait, est mauvais conducteur. C'est pour cette raison que son toucher donne invariablement à la main une agréable sensation de chaleur. Illusion, le bois n'est jamais qu'à température ambiante. La tiédeur que l'on ressent n'est que celle de sa propre main. Couché sur du parquet, votre corps ne subirait pas une déperdition calorique suffisante et cela, en vous donnant un avantage injuste, ruinerait largement les bénéfices de cette petite expérience. La cuisine, donc. La cuisine ou la salle de bains, vous en déciderez, mais sachez qu'il faut de la pierre. Ce point est capital.

Prenez à présent la caisse en carton que vous aura préalablement donnée un employé de votre supermarché habituel. Coupez-la ou déchirez-la, de manière à pouvoir disposer de toute sa surface.

Posez le carton à terre. Éteignez les lumières et allongez-vous. Mettons qu'il soit minuit.

Probablement, sans y penser, vous étendrez-vous d'abord sur le dos. C'est alors que vous découvrirez l'importance, jusque-là insoupçonnée, du rôle que joue, dans l'existence, un oreiller. Allongé ainsi, tout à fait à plat, les points de pression inhabituels du corps sur le sol, occiput, omoplates, fesses, talons ne tarderont pas à s'imposer à votre conscience. Au début, c'est presque imperceptible. Puis c'est curieux, amusant même durant quelques minutes. Après, cela devient douloureux. Puis viennent les fourmis. De plus, sur le dos, comme ça, sans support cervical, vous avez les reins cambrés. Au début, la sensation d'élongation est plutôt agréable, mais évolue rapidement vers l'intenable. Et ce, d'autant plus que votre ceinture abdominale et votre tonus musculaire général... Et ça fait des années qu'on vous le dit. Enfin... Bref, les fourmis en colonnes pressées, inéluctablement, vous conduiront à devoir vous tourner sur le côté. Ce faisant, vous aurez le souffle coupé par des douleurs au niveau des lombaires. Région ankylosée depuis maintenant dix minutes. Il est minuit vingt-cinq.

Étendu sur le côté, vous tentez, à présent, de résoudre une irritante aporie, celle du choix entre deux positions également impossibles : avec ou sans le bras replié sous la tête. Sans bras ? Vous vous retrouvez la tête penchée et la nuque en extension latérale. Persévérez et vous souffrirez demain d'un torticolis de toute beauté. De plus, vous vous trouvez encombré de ce bras qui prolonge l'épaule sur laquelle vous êtes appuyé. Il est là, bête et gênant, comme un tentacule de pieuvre qui aurait poussé tout à coup. Vous ne savez qu'en faire. Rangez-le longitudinalement dans sa position naturelle et c'est toute la partie supérieure de votre corps qui aura l'impression d'être couchée sur un bâton noueux. Gardez-le à l'horizontale, en une sorte d'hommage posthume au regretté Duce, et c'est l'articulation de votre épaule, écrasée par le poids de votre corps, qui vous fera souffrir. Levez-le complètement et la torsion imposée à l'épaule ne tardera pas à vous faire changer d'avis. Non, décidément, le mieux est encore de le garder plié au coude et le poing à demi fermé, dans la posture classique du militant grouponsnouszédemain. Et de poser la tête sur le biceps. On peut tenir comme ça. Pas longtemps. Il y a les crampes. Il y surtout la douleur d'une insupportable précision due à la compression de votre hanche (l'os iliaque, très exactement) prise entre l'enclume du sol et le marteau de votre masse corporelle.

En grognant, vous vous retournez donc. Et recommencez le tout, à l'identique symétrie. Vous regardez votre montre. Il est minuit trente-cinq. Ce n'est pas possible ! Mais si, il est bien minuit trente-cinq.

Maintenant, de petites voix urticantes vous susurrent les premiers doutes relatifs à cette entreprise stupide et gratuite. Il est absurde de dormir par terre, seul, dans sa cuisine. De quoi a-t-on l'air ? Niais romantisme d'adolescent. Et puis vous attend, à côté, un lit, un vrai... Avec, dedans, une femme tiède et pneumatique. La même qui, tout à l'heure en fermant la porte de la chambre, hochait la tête d'un air de commisération, mi-agacée, mi-attendrie... Est-ce même bien respectueux, cette pitrerie, envers ces malheureux qui, eux, n'ont pas le choix ? Bonne question à laquelle vous n'aviez pas pensé jusqu'ici... Puis, enfin quoi ? On n'est plus des gamins. C'est du masochisme, voilà tout. Masochisme et culpabilité. Mais culpabilité de quoi, finalement ? On se le demande... D'un autre côté... Ce qui est dit est dit. Et vous entendez déjà les sarcasmes. *T'as tenu combien ? Deux heures ? Wah ! Ha !* C'est qu'on a sa fierté tout de même... Il est une heure vingt. Mais qu'est-ce que je fous là ?...

Et puis arrive le froid. D'abord les mains, les pieds, la tête... Il est deux heures dix, presque et quart.

Le froid et la mauvaise humeur et la colère qui ne dit pas encore son nom et l'irritation de soi et de la pesanteur et de tout... Et les changements de positions qui se succèdent à un rythme accéléré... L'une n'est pas bonne. L'autre ne vaut rien. La troisième devrait être interdite par la Convention de Genève... Et puis l'angoisse et la vague nausée de s'assoupir encore et encore, sans jamais parvenir à dormir vraiment...

Et enfin, l'ultime révolte qui tombe sans prévenir et sans prodromes. L'aveuglante et naturelle évidence. Vous vous levez d'un bond. Vous fermez la fenêtre. Vous arrachez ces vêtements lourds et moites déjà d'aigre sueur. Vous donnez un coup de pied au carton dépecé. Et enfin, vous allez dormir dans votre lit. Votre lit à vous... En vous y allongeant en soupirant, vous vous trouvez submergé par la marée maternelle et clémente d'un immense soulagement. Il est presque quatre heures.

Le matin, devant votre glace, vous aurez mal partout et comme une espèce de gueule de bois. Le menton blanc de mousse à raser, en secouant la tête, vous marmonnerez *imbécile ! Mais quel imbécile !*

À la table du petit déjeuner, vos enfants, en se poussant du coude, riront de vos impayables excentricités. Et votre femme, gentiment, vous serrera doucement la main... Et on n'en parlera plus.

Encore un mot. Dans la vraie vie, à l'inconfort, aux douleurs, aux insomnies chroniques, s'ajoutent quelques autres réjouissances. L'angoisse à bas bruit, mais constante, de dormir exposé et vulnérable à tout. Les rats, comme les voleurs. Les voyous qui se défoulent pour rigoler. Et les violeurs qui se repaissent des deux sexes. Oui, des deux sexes... Et les flics et la pluie. Et la boue. Et les crachats gluants. Et l'urine des chiens...

Bonne nuit, les petits...

Aux choses elles-mêmes, exercice spirituel II : déféquer. Exercice. Ascèse. *Askesis*, disaient les Grecs. Plus fort, plus difficile, mais par définition, donc, plus *challenge* aussi. À vaincre sans péril… Osons le rappeler sans ambages : la désolante vérité de notre charnelle, trop charnelle condition est que l'on se trouve forcé chaque jour que le bon Dieu, dans son ineffable munificence, daigne faire, d'éliminer par l'anus une partie des déchets de notre catabolisme. Cette inévitable, intime et humble opération se désigne par des vocables divers, plus ou moins idoines dépendant du lieu, du temps, du statut social et culturel de l'impétrant : déféquer, chier, faire caca… *A rose is a rose*… Le mot n'est rien, la chose est tout. De ce comique inépuisable et croupion, on n'en finit pas de rire, c'est entendu.

Bien. Détendez-vous. Laissez-vous aller. Laissez flotter votre esprit. Fermez les yeux. Et tentez d'imaginer, si vous le pouvez, l'immense difficulté que représente ce geste banal et simple pour qui est à la rue. Oh, je sais, le réflexe de la bonne normalité est d'immédiatement court-circuiter ces scabreuses considérations, par le rappel goguenard qu'il existe des toilettes publiques et qu'elles ne sont pas faites pour les chiens… Certes. Elles ne sont pas non plus très nombreuses et n'ouvrent qu'aux heures de bureau, et coûtent de l'argent. Il y a les sanisettes, accessibles à volonté oui, mais rares et payantes, elles aussi… Qu'importent ces contraintes, dira-t-on. L'infrastructure, telle qu'elle est, existe. Et qui veut, peut…

Qui veut, peut ? En fait, non. Non, parce que si, par exemple, errent à tout moment dans Paris et sa proche banlieue 30 000 personnes, la demande sphinctérienne de cette population pulvérise l'étendue de l'offre sanitaire… Non, parce qu'il serait rapidement intolérable pour le quartier, les commerçants, les riverains, les passants, etc., que des dizaines, des centaines de sans-abri s'agglutinent autour des points de défécation possibles. Non, parce que cette population est une population fragilisée et malade, et que les malades, ça chie, oh, pas nécessairement beaucoup, mais tout au moins souvent, et du mou, du liquide, de la flotte… Ça suinte, un malade. Et de partout… Demandez aux hôpitaux. Ils savent, eux.

Alors ? Alors, un jour ou l'autre, il faudra se résoudre à cette incontournable et affligeante opération que de se mettre cul nu dans la rue, entre deux voitures, de jour comme de nuit, ou d'avoir le courage de s'aventurer dans les gouffres noirs du métro, entre deux passages de rames, en évitant le rail électrique de 700 volts, et en chassant les rats. Certains en meurent écrasés. D'autres électrocutés. Tous en rougissent. Tous enragent de leurs obscènes et lamentables accroupissements…

Et nous n'avons pas encore abordé les aspects féminins de la question. De la physiologie de la défécation chez la femme qui se complique de celle de la miction… La fréquence y gagne ce que la décence y perd. Et devant l'insoutenable d'une femme obligée de se dénuder, de s'offrir au regard fouilleur et à l'injure de la canaille, on ne peut que faire silence.

Ce n'est pas fini. Sans technique, on le sait, un don n'est rien qu'une sale manie. Soyons donc, un instant, technique. S'accroupir, c'est vite dit. C'est bien pratique. Mais il y a la question des vêtements. Qu'en faire ? Les jupes présentent des avantages certains. Elles permettent une modulation de la pudeur. Et en boule, elles se retiennent aisément d'une main appliquée sur le ventre. Mais les jupes sont rares dans la rue. Rares et froides et angoissantes parce que sous leurs pans, gisent le vide et l'entrecuisse et la béance du sexe. Et que sous les jupes, on fourre plus vite une main, une tête, une bite, une bouteille même, cela s'est fait. Cela se fait... À tel point qu'il se trouvera toujours une âme romantique et rêveuse pour conclure que le port de la jupe, de par ces primesautières possibilités, constitue justement une sorte d'invite tendre et muette. On le voit, si la jupe présente quelques incontestables avantages, elle n'est, hélas, pas non plus dénuée de préoccupants inconvénients.

Reste, unisexe, le pantalon. Mmmoui. Mais alors – dilemme – ce pantalon faudra-t-il l'enlever complètement au prix de l'impudeur absolue et au risque de ne pas pouvoir se recouvrir assez vite en cas d'urgence, ou le préférera-t-on négligemment tire-bouchonné sur les chevilles avec l'absolue certitude des éclaboussures ?

– Mais c'est insupportable ! On espère bien que c'est tout...

Eh non, ce n'est pas tout. C'est qu'il faut s'essuyer. La question du papier, je vous l'accorde, est facile à résoudre. Le papier, dans la rue, abonde. Journaux, emballages, poubelles, etc. On peut en faire provision. On se devra tout de même de souligner que la pluie est délétère à la cellulose, et que tout papier stocké, comme le reste, doit être porté à jamais et sans relâche. Le SDF est un escargot. Il porte sa maison sur son dos.

Et puis, il y a les accidents dont on ne réussira jamais à faire totalement l'économie : les fuites, les dérapages incontrôlés, les glissades de tous ordres... Les doigts qui percent le papier. La chiasse. L'incontinence durant le sommeil. La tache. La coulée. L'excrément. Et l'odeur de l'excrément que l'on porte avec soi, sur soi, en soi, des jours, des semaines, des mois, parce qu'il est difficile de se laver. Parce que les vêtements de rechange ne s'obtiennent pas comme on veut, quand on veut. Parce qu'on s'habitue. Parce que l'insoutenable odeur et l'écœurant spectacle dégoûtent de tout rapprochement et découragent agresseurs et violeurs. Et parce que s'il est facile de partir, du trop lointain, en revanche, il est difficile, oh tellement difficile, de revenir…

C'est immonde ? Évidemment, que c'est immonde. Bien sûr, que c'est dégueulasse, et comment… Mais cela est. Cela est, à la rue, quotidien et sans fin. *Aux choses elles-mêmes…*

Et voilà, enfants, ce que c'est que la phénoménologie.

Ce monde est un cloaque. Et sur une planète lointaine, une analyse spectrographique de l'atmosphère terrestre révélera, un jour, à des consciences extragalactiques, et n'en croyant pas leurs douze yeux, l'existence de la vie. Sa signature indiscutable en sera la présence massive de méthane issu de patientes distillations bactériennes et de mammifères flatulences…

Pot-pourri pourri…

– Libération, 22 février 2005. Samedi, dans une rue commerçante. Un groupe de SDF attend que l'hiver passe. Des policiers les abordent, leur demandent de se déplacer. L'un d'eux a du mal à se lever. Il a bu. À la demande des policiers, l'homme attache son berger allemand à un poteau, ajuste sa muselière. Ils emmènent le maître qui aurait eu maille à partir avec l'employé d'une laverie automatique. La laisse se desserre. Deux coups de feu retentissent. « Le chien allait lui sauter à la gorge », explique un policier de la sûreté urbaine […]. « C'est pas vrai ! Vous

n'avez pas fait ça ! » crie une dame [...]. Un petit garçon pleure [...]. Plus tard, une voiture de la mairie arrive. Le chien est emballé dans un sac. C'était un samedi à Grenoble.

– AFP, Rennes, 9 mars 2005. Une dizaine de SDF, expulsés le 24 février à Rennes d'un squat qu'ils occupaient depuis environ trois ans, sont revenus vivre depuis sur les ruines du bâtiment rasé après leur évacuation par les forces de l'ordre [...]. Les SDF ont récupéré dans les gravats une partie de leurs effets personnels ensevelis lorsque les bâtiments ont été démolis [...]. Les CRS avaient évacué le 24 février au matin le squat baptisé « l'Ekluserie » où vivaient dix-huit personnes [...].

– AFP, Paris, 24 octobre 2003. Plus d'une centaine de lits supplémentaires sont prévus à partir de vendredi soir pour les sans-abri à Paris, où un SDF est probablement mort de froid dans la matinée après que la température fut tombée à 0 °C dans la nuit de jeudi à vendredi. Le sans-abri, un quadragénaire sri-lankais pris en charge par les sapeurs-pompiers avec une température corporelle de 21 °C vendredi vers 11 h 30, est décédé malgré les tentatives de réanimation.

– AFP, Nice, 27 octobre 2003. Un SDF a été retrouvé mort lundi matin dans une rue de Nice après avoir passé la nuit dehors, a-t-on appris auprès des sapeurs-pompiers. « L'homme, âgé de 50 ans, est décédé après être resté toute la nuit sous la pluie sans que l'on puisse déterminer pour l'instant s'il est mort d'hypothermie. Il était dans le coma à l'arrivée des pompiers », a-t-on annoncé de la même source. Durant la nuit, la température s'était située entre 6 et 8 °C à Nice.

– AFP, Tarbes, 3 décembre 2003. Un SDF de 47 ans a été retrouvé mort de froid mercredi matin dans un square

du centre de Tarbes, a-t-on appris auprès de la police. Selon les premières constatations médicales, l'homme, connu du SAMU social tarbais, est décédé des suites d'hypothermie et souffrait de carences nutritionnelles qualifiées de « graves ». La température est passée légèrement sous la barre de 0 °C dans la nuit de mardi à mercredi, à Tarbes.

– AFP, Bobigny, 6 octobre 2003. Le corps d'un SDF a été découvert dimanche à La Courneuve (Seine-Saint-Denis) et son cadavre présentait des plaies qui semblaient « suspectes » aux enquêteurs, a-t-on appris de source policière. L'homme décédé, dont l'identité et l'âge n'ont pas été précisés, a été découvert vers 12 h 10, dimanche, sur le palier du quatrième étage d'un immeuble situé rue Henri-Barbusse, à La Courneuve. Le corps présentait des blessures au niveau de la poitrine et d'une oreille. Ces plaies ont fait qualifier de « suspectes » les conditions de la mort par la police, qui n'exclut pas l'hypothèse d'un homicide.

– AFP, Bobigny, 13 décembre 2003. Un SDF de 55 ans a été grièvement brûlé dans la nuit de vendredi à samedi par un engin incendiaire lancé par un « groupe de jeunes » dans un hall d'immeuble à La Courneuve (Seine-Saint-Denis), a-t-on appris de source policière. Le SDF s'était réfugié vendredi soir dans l'entrée d'un immeuble. Vers 01 h 00 du matin, un « groupe de jeunes », selon la police, lui a jeté un engin incendiaire de confection artisanale, dont la nature n'a, pour l'instant, pas été déterminée. Les agresseurs n'étaient pas identifiés samedi. Le SDF n'a été découvert que samedi à 15 h 40 par des locataires de l'immeuble.

– Entendu dans la rue, Paris 18e, 27 août 2005. Un SDF de 19 ans mendie en compagnie de son chien. On ne sait, du chien ou du maître, qui est le plus efflanqué. Une

femme lui donne une pièce, il remercie poliment. Ils échangent quelques mots... Deux citoyens passent, la soixantaine adipeuse et flasque. Un siècle d'apéritifs à eux deux... Ils se poussent du coude, désignent le mendiant d'un menton haineux, et, suffisamment fort pour qu'il entende, « Çui-là, tu vois, si un jour y fait un petit, faudra le noyer dans la Seine... » Des chasseurs probablement...

Ad infinitum...

Requiem... Les amateurs de westerns le savent bien : le seul bon Indien est un Indien mort. À l'instar des populations autochtones de l'Amérique du Nord, les éventuels mérites de Clodo, eux aussi, sont posthumes...

Il sévit actuellement, en terre de France, une mode nouvelle, conviviale et charmante : celle de la mise en scène publique des larmes de crocodile que la République tout entière, par le truchement de quelques-uns de ses représentants attristés et, pour l'occasion, sobrement vêtus, verse régulièrement à la mémoire douloureuse de nos chers disparus à la rue.

On célèbre donc. On célèbre à tout va. Avec et sans Jésus, avec et sans Allah, avec et sans Jahvé, le Grand Manitou, Shiva, Gri-gri en véritable plume de trou de chose, la main de ma sœur... C'est à la carte. Il y en a pour tous les goûts... Convictions délirantes... Bacchanales paraphrènes... Entrée gratuite ! Il y a, après les liturgiques et nécrophiles simagrées, deux ou trois petits fours comestibles. Peu d'alcool, en revanche, suivez mon regard... Mais à part ça, c'est sympa.

Les associations, gravement, sont de la partie. Accompagnées de quelques SDF, repentis du matin même, mutiques de reconnaissante émotion, et fraîchement récurés au kärcher...

C'est beau. C'est émouvant. C'est un peu con. C'est une crèche de Noël...

Les uns s'y astiquent un moment le narcissisme. Les autres s'y réchauffent, deux heures durant, à la pauvre illusion de présenter pour quelqu'un un quelconque intérêt. Les officiels, comme des limaces se tordant sous le sel, y dégorgent en de longues traînées verbeuses et gluantes un peu de leur culpabilité... Vagissent aussi dans les coins, çà et là, quelques journalistes. Indispensables témoins...

En somme, c'est tout bénef. Charité bien ordonnée commence – et finit – par soi-même.

À ces hommages tardifs, à ces regrets éternels et soldés, tout le monde s'y est mis. Et avec quel enthousiasme ! Ah, voilà une idée qu'elle était bonne. Et qui n'engageait, finalement, à rien. Marketing quintessenciel. Et pub comac ! Éclatante démonstration du bon cœur républicain et pour quasiment peau de balle. Crédits débloqués illico. Hop ! Magie ! Disney World ! À qui son cadavre SDF garanti pur misérable hypothermique ? À droite. À gauche. Présidents. Premiers. Maires. Candidats... Associations, toutes... L'Institut médico-légal qui n'en peut plus. Qui croule sous la demande... Qui implore grâce... C'est la curée ! Du clodo mort, on s'en arrache à belles dents... Une jambe par-ci... Une tête par-là... Jamais de vraie gaieté sans un brin de cannibalisme. C'est l'ambiance qui veut ça. Depuis les temps anciens... Vive l'Homme !

Il est vrai que les morts sont bien dociles. Et impeccablement élevés. Jamais un mot plus haut que l'autre. Et pas le genre à se pousser en avant, ça non. C'est très fréquentable un mort, à la réflexion. Ça pue un peu, il est vrai. Mais finalement, toujours moins qu'un vivant…

« *Dignité* : n.f. (v. 1155) est emprunté au dérivé latin *dignitas*, “fait de mériter, mérite”, également employé pour désigner les qualités qui font qu'on est digne (estime, considération, prestige), et, avec un glissement vers l'apparence, l'honorabilité, la beauté majestueuse […]. » Ainsi parle le *Robert*, dictionnaire historique de la langue française…

Le pauvre, comme le malade, le condamné, le mourant, se doit d'être digne. On ne le tolérera qu'à ce prix. On tisse autour de lui un fin réseau symbolique et discursif où la dignité tient l'avant-scène. Qu'il se lave, qu'il se coiffe, qu'il se redresse, et voilà d'un coup – miracle ! – que le clodo, le mendiant, le moribond retrouve sa dignité. Rien que sa dignité. Et toute sa dignité…

Cette dignité que les faiseurs de bien se vantent d'avoir le pouvoir de restaurer, de conférer, de distribuer… La dignité, ils sont journalistes, politiciens, tuteurs de la nation, professionnels du pire, cent mille camelots, de platitudes en banalités, à en faire l'article, à la brader distraitement à toute fin de déclaration, à tout bout de zinc, à tout pousse-café. La dignité comme axiologie du malheur et de ses comportements est imposée au pauvre par l'idéologie même qui l'englobe et le constitue en tant que fait social. Les pressions sont douces, certes, mais insistantes.

Ah, la dignité, il faut qu'il aime ça, le pauvre. À défaut, on le lui apprendra. Et il faut qu'il en redemande. Et surtout qu'il s'en lasse jamais, le mendiant, le trimardeur, de contempler sa statue de stoïcien. Statue en pied ! Et creuse bien sûr, et qui ne sert que de perchoir à quelques pigeons malpropres, mais tout de même...

L'effort humain se doit, c'est l'évidence, de regarder l'avenir debout. Et qu'il ne détourne pas les yeux surtout, Clodo, de sa version idéale, de cette image d'Épinal de lui-même. Pauvre, mais digne. Démuni, mais droit. Tout nu, mais tenant fièrement la pose. Grotesque, oui, mais impavide...

Cela risquerait, sinon, d'être dangereux, de tourner vite mal. Peut-être même à l'insurrectionnel des fois, qui sait ? Rien que d'évoquer la caresse de soie noire de cette éventuelle, bien éventuelle, et toute lointaine possibilité, à Neuilly déjà, on ferme les volets, on barricade les portes, on tétanise des muscles fessiers, on rêve de Suisse...

Dignité et mérite, donc. Mais dignité pour quoi faire ? Pour mériter quoi ? De qui ? Pourquoi ? Escroquerie ! Il n'y a rien, en définitive, à mériter que, de temps en temps, un peu de soupe tiède et, peut-être, un morceau de couverture sale...

Et puis quoi ? Est-il, enfin, plus digne, lorsque l'on est conduit à l'échafaud qui est là, dressé, et qui vous attend dans le silence d'un petit matin acidulé et brumeux, de marcher lentement, la tête haute, le regard lointain et la lippe ourlée d'un sourire de fin mépris, ou au contraire de hurler comme une bête qu'il faut traîner à l'abattoir, de sculpter de chaque orteil épouvanté, dans la terre qui s'en moque bien, de sanglants sillons, d'arc-bouter tout son être d'un *Non !* archaïque et viscéral, de tenter enfin d'arracher l'oreille du bourreau d'un coup de dents ? Où, là-dedans, se cache-t-elle donc, la vraie dignité ? Qui peut le dire ? Qui s'arrogera la trop cruelle impudence de trancher ?

La volonté n'existe pas. Il se trouve encore quelques pommadés, petits marquis de la ratiocination, incurables drosophilomanes sodomites, pour s'obstiner à distinguer subtilement entre sans-abri victime innocente qui n'en peut mais, et affreux irrécupérable Jojo Clodo ayant fait le choix fou de la rue.

Jugement dernier !

Aux uns, assis à la droite de Monsieur le ministre des Affaires sociales, il convient d'apporter aide et secours. À ces exclus gémissants, il faut, sans réserve, ouvrir toutes grandes les portes dorées de notre très bonne et très pure mère la Société, à laquelle les profondeurs les plus secrètes de leurs âmes quémandeuses aspirent, en frémissant d'extase anticipative, d'appartenir enfin... Ceux-là sont les bons pauvres. Oh, pas tout à fait des saints, bien sûr, mais bien humbles déjà. Ce qui est le début de la sagesse. Fils prodigues, tout embarrassés de courbettes et de reconnaissance... Dites seulement une parole, et ils seront guéris...

Aux autres, entêtés et indécrottables pervers, au mieux, nos regrets sincères et notre *respect* pour un *choix* de vie dont la logique aberrante nous échappera toujours, au pire, notre peur et notre haine et notre mépris. Qu'ils boivent jusqu'à plus soif, puisque c'est là tout ce qu'ils *veulent*. Qu'ils en crèvent donc, puisque c'est là leur bon plaisir...

La volonté n'existe pas. Spinoza le pensait. Schopenhauer le démontre élégamment[1]. La volonté est un concept d'une circularité vide. Elle est, soit désir venu

1. Arthur Schopenhauer, *Essai sur le libre arbitre*. Préface de Didier Raymond, Rivages, 1992.

d'un ailleurs de la conscience, soit manifestation du caractère. Et Héraclite le disait déjà : « Le caractère de l'homme est son *daimon*, son destin. » Masque du désir ou masque du destin, la volonté n'existe pas.

– Holà ! Minute papillon ! Sophiste tripoteur ! Embrouilleur d'honnêtes gens ! Calamarmiteux nuageux d'encre ! C'est un peu rapide... Et d'ailleurs la parade à tout votre brouillard est évidente. Et vous l'avouez vous-même, il m'appartient de réaliser ou non certains désirs, certaines tendances, envies, vouloir, appelez ça comme vous le souhaitez... Mais enfin, quoi, ce n'est pas parce que l'inclination me vient d'étrangler ma belle-sœur, ou de tout quitter pour faire le tour du monde, que nécessairement... Non, le monde alors serait fou. Et je vous jette au visage vos contradictions. Si le monde n'était qu'anarchiques désirs... Le tableau ! On voit d'ici... Foutaises ! *Ad absurdum*...

– Je vous remercie de cette interruption, car elle permet de préciser les choses. Ce qui s'oppose à votre désir/volonté n'est rien d'autre qu'un désir plus puissant. Celui d'éviter la prison en renonçant à disposer ainsi de votre belle-sœur... Celui d'assurer votre sécurité financière en rangeant vos projets de circumnavigation au musée triste des rêveries adolescentes...

Désir contre désir. Ce spectre que l'on appelle *volonté* ne désigne que la victoire du plus profond des désirs, de la plus forte des pulsions. Ce que vous entendez par volonté, ce levier d'Archimède appuyé sur on ne sait quelle résistance, cette extériorité morale de l'ego, ce grave et besogneux cheval dans la locomotive, cette volonté-là, vous dis-je, n'existe pas.

C'est regrettable, car avec elle s'envole l'assise ontologique de la culpabilité et donc de toute morale. Les prêtres sont bredouilles. Le droit de punir repose sur la possibilité du choix du mal, de la volonté négative, et du libre arbitre. Dieu n'a plus personne à damner, sinon lui-même. Dieu va encore s'ennuyer…

Volonté est morte. Pensée atroce et libre. Pensée froide pour serpents… Volonté est morte. Ne restent plus alors que pulsions, forces, luttes, férocités et terreurs… La voilà, la vérité ultime de toute morale. Et la conscience bavarde n'est plus que tardif épiphénomène, tentant, en courant, de rattraper le chronique désordre des pulsions conflictuelles… L'Homme est le pantin de lui-même, la marionnette articulée de ses luttes inconscientes. L'Homme dans sa pompeuse majesté n'advient jamais qu'après coup, manifestation de l'esprit d'escalier du vouloir vivre aveugle et sourd. L'Humanisme, cette forme d'érotomanie décadente à l'usage des santés lasses… « Je » est aux fraises.

Mais peut-être qu'Arthur Schopenhauer n'est pas votre tasse de thé et qu'il vous faut des nourritures plus rudes… Vous avez tort, l'exercice de la philosophie constituant (avec toutefois la pratique – en ces temps hygiéniques de puritanisme patelin, on ose à peine le rappeler – de furieux et décérébrés coïts auprès de femelles charnues à l'hygrométrie accueillante) l'incontestable acmé du plaisir terrestre… Vous avez tort, mais soit ! Revenons à nos bubons… Et, puisque vous insistez, postulons, le temps d'un paragraphe, l'existence de la volonté si indispensable aux rassurantes et médiocres illusions du sens commun.

Préférer Cunégonde à Pétronille, d'accord. Choisir dessert plutôt que fromage, pourquoi pas ? Faire Beaux-Arts ou Normale Sup, passe encore… mais par quelle étrange opération de volonté consciente opterions-nous, par exemple, pour une carrière homosexuelle plutôt qu'hétérosexuelle ? Ou l'inverse ? Sur quelle inouïe extériorité s'appuyer pour choisir ou non d'avoir le désir, le goût, la motivation, bref, la volonté de devenir maquereau plutôt que poissonnier ? Mineur de fond plutôt que proctologue ? Soizic Bigorneau, mariée et mère de quatre enfants à Bénodet (Finistère sud), ou *Melody Melons*, strip-teaseuse vedette à Las Vegas ? Cette prétendue liberté existentielle, déjà burlesque, devient franchement absurde lorsqu'on veut l'étendre à la pathologie. Qui peut sérieusement imaginer que l'on *choisisse* de devenir alcoolique plutôt qu'héroïnomane ? Maniaco-dépressif plutôt que schizophrène ? Névrosé obsessionnel plutôt que sociopathe ? Qui peut un instant soutenir que l'on ne guérisse pas parce que l'on ne *veut* pas guérir ? Qui ose l'odieuse et désinvolte injure de penser, un instant, que l'on vit à la rue parce que l'on *veut* cela ? Parce que l'on *aime* cela ? Qui ? Mais tout le monde, tout le temps[1]...

Mais quelle philosophie de l'homme soutiennent donc ces humanistes crétinisés ? Et qui, on se le demande, sont dans cette affaire les vrais nihilistes ? Les chimères putréfiées de l'idéalisme de l'Homme souverain, volontaire et libre de son destin ne sont que le masque dernier des vrais haïsseurs de l'humain et de toute vie.

Les amateurs de grandiose et les maniaques de l'espoir forcené en sont pour leurs frais. La vérité toute simple et peu glorieuse est que, comme moi, comme toi, tous les hommes et jusqu'au dernier et plus halluciné

1. Dont, mais il n'est, hélas, pas le seul de sa caste à n'y rien comprendre, Lionel Jospin, suicidé de la présidentielle de 2002 : « Ceux que l'on appelait des clochards... qui, pour des motifs personnels, choisissent de se retrouver dans la rue » (18 mars 2002).

des fous font ce qu'ils peuvent avec ce qu'ils ont. C'est-à-dire pas grand-chose, avec presque rien... Non pas ce que l'on *veut*, mais, plus petitement, ce que l'on *peut*. Et l'humain, même trop humain, vaut toujours mieux que la statue de l'Homme. La chair toujours, plutôt que le bronze...

L'effort humain
n'est pas ce beau jeune homme souriant
debout sur sa jambe de plâtre
ou de pierre
et donnant grâce aux puérils artifices du statuaire
l'imbécile illusion
de la joie de la danse et de la jubilation [...]
L'effort humain porte un bandage herniaire[1].

Chaises musicales. Le système d'aide aux sans-abri est organisé en deux niveaux qu'animent des logiques distinctes : celui de l'urgence du moment et celui de la réinsertion au long cours.

Le domaine de l'urgence est dit de « bas seuil » : compétence minimale du personnel encadrant, offres et demandes ponctuelles et sans lendemain, basse technicité des moyens. Il y est question d'abord de survie immédiate, mais l'arrière-pensée de l'insertion n'en est jamais tout à fait absente... C'est l'aide d'urgence qui se décline diversement en soupes populaires, en distributions de vêtements, en ramassages itinérants (SAMU social, RATP, Police), en lits d'hébergement que l'on peut occuper une ou plusieurs nuits, avant d'être priés d'aller voir ailleurs.

1. Jacques Prévert, « L'effort humain », *Paroles*, Gallimard, 1949.

Tout cela, évidemment, pour le plus grand bien de ces âmes en péril, puisqu'il importe d'éviter *la dépendance*, qu'il faut favoriser *l'autonomie* et qu'il est un mauvais service à rendre que de dériver vers la sensiblerie d'un *maternage* déplacé... Ces petites saletés discursives émaillant classiquement le vocabulaire du sadisme institutionnel. Derrière ces pseudo-théorisations se cache rien moins qu'une morale. Celle, toujours édifiante, du *coup de pied au cul*.

Parlez d'ailleurs suffisamment longtemps avec un contremaître de la misère, pardon, à un « responsable associatif », et tôt ou tard, ce bon vieux trauma coccygien et salvateur finira, vous verrez, par montrer le bout de sa répugnante godasse. En dernier recours, aucun n'y résiste. L'alternative serait un vertige de désespoir métaphysique qui dépasserait de très loin ce que leurs constitutions pourraient supporter. Nietzsche disait que la valeur d'un homme se mesure à la quantité de vérité qu'il peut supporter. Précisément...

En général, au centre d'hébergement d'urgence, on a fort mal dormi, parce que le lieu est étranger, parce qu'on a peur des autres, et qu'il y a eu beaucoup de va-et-vient pendant la nuit à mesure que les bus déversent les nouveaux arrivants. De plus on est chroniquement épuisé. Néanmoins, il faut se lever tôt le matin, se laver sommairement car le temps presse, s'habiller avec les mêmes hardes puantes, pour autant que l'on n'ait pas dû sommeiller tout habillé, prendre un petit déjeuner (café, pain, margarine et confiture) totalement insuffisant pour affronter une journée de jeûne, et enfin sortir joyeusement et plein d'espoir (très important ça : le moral !) dans la majesté du monde et la vraie vie. Pour quoi faire ? Mais pour chercher, voyons, c'est évident, pour chercher ce Graal, cet Eldorado, cette insaisissable licorne de la dignité de l'existence… Pour chercher du travail !

Le travail… Ce n'est pas un secret, il végète en France, bon an mal an, environ deux millions de chômeurs (soit plus ou moins 10 % de la population active) qui, entre antidépresseurs, menaces d'expulsion et visites d'huissiers, ne voient ni le temps passer, ni la mort venir… L'Insee estime que 90 % de la population à la rue ne possède aucune qualification professionnelle. Cette dernière, dans l'état d'épuisement physique et psychique qui est celui du sans-abri moyen, n'ayant d'ailleurs que valeur et pertinence toutes théoriques. Et passons sur les conditions de possibilité réelles de l'exercice social du travail : présentation, maîtrise du rapport au temps, à l'argent, compte en banque, papiers d'identité, documents administratifs, curriculum vitae, domicile…

Au vu de ces simplissimes évidences, le premier chimpanzé venu conclurait, en un instant, que la probabilité de remise au travail d'un SDF est à peu près égale à zéro. Néanmoins, la logique du système de l'aide est axée sur l'idéal de la réinsertion, c'est-à-dire, *in fine*, toujours du travail. Oh, pas du travail réel, dont même le plus hydrocéphale des bureaucrates caritatifs mesure la dimension illusoire, mais du travail comme fantasme supposé structurant, comme espoir d'un avenir, d'une guérison, lointaine certes, improbable évidemment, mais néanmoins toujours possible… Le travail comme inatteignable carotte. Le travail non comme pratique effective, mais comme asymptote d'une idéalité *morale*.

Ce discours, pour des raisons qui relèvent indistinctement à la fois du psittacisme et de l'aliénation, est repris en chœur par les SDF eux-mêmes… Ce discours est celui de l'espoir, cet opium de tous les cocus. Cette douce et stérile rêverie sert d'ailleurs autant à calmer les angoisses des accompagnants que celles des SDF eux-mêmes…

Gentiment et de concert, on délire en rond, se disant à part soi que, au pire, ça ne peut pas faire de mal. Mais si, justement, ces illusions sont dangereuses et souvent mortelles. Basé sur une probabilité de réinsertion à peu près comparable à celle de gagner au Loto, le système d'aide sadise au quotidien, en proposant des accompagnements dénués de toute adéquation clinique. Ces derniers sont constitutivement inadaptés à soulager efficacement les souffrances des populations visées.

Et cela ne s'arrête pas là. Au-delà de la gestion de l'urgence, se profile la carrière pyramidale du SDF en voie de réinsertion.

Après le foyer d'urgence donc, après s'être un peu lavé, redressé, humanisé, *apprivoisé*, le SDF enfin approchable sans gants et masque prophylactique rencontre une assistante sociale. Cette dernière *évalue* la situation. Soupèse le sérieux des *motivations*. Et *propose* des solutions…

Assistante sociale : Bonjour, monsieur, quel est votre désir ?

Clodo : Beuh…

Assistante sociale : Je veux dire votre souhait, votre projet, si vous préférez…

Clodo : Ben, c'est que je voudrais pas crever…

Assistante sociale, manipulant son stylo avec agacement : Soit ! Mais êtes-vous prêt, pour autant, à passer un contrat thérapeutique, à envisager votre réinsertion, un stage de formation… Et puis d'abord une cure de désintoxication. L'alcool, vous savez, c'est très mauvais pour la santé ! Voyons, comment réagissez-vous à ce que je vous propose ?

Clodo : Ben, c'est que je voudrais pas crever…

Assistance sociale, qui a lu tout Freud dans Elle *et un dossier du* Nouvel Obs *qui était vachement bien fait* : Hmm…

La suite du discours officiel est que le SDF méritant, motivé, et capable de mieux, quittera, après accompagnement idoine, l'archipel des bricolages de l'urgence pour intégrer un centre d'hébergement et de réinsertion sociale (CHRS) où il pourra être hébergé plus longtemps et retrouver progressivement le monde du travail, soit directement, soit par le biais d'une formation préalable. Au terme de ce processus, l'ex-SDF, éberlué et frissonnant d'incrédule félicité, goûtera enfin aux joies indicibles de la normalité sociale et citoyenne…

Ainsi de la structure du système. Ainsi de l'intention. Ainsi des vœux pieux… C'est altier et inspiré comme la musique d'une harmonie de village.

Dans la réalité réelle, et donc dysphorique, il est impossible d'obtenir des chiffres crédibles relatifs au taux de réussite de ce plan glorieux. Les uns et les autres, État et secteur privé, bailleurs de fonds et responsables d'institutions, évitant – et comme on les comprend – de se poser trop de questions embarrassantes… Terribles questions dont les réponses seraient bien pires encore… Le fait est que les études sérieuses de suivi au long cours des populations traitées, tout simplement, n'existent pas. C'est, pour tout le monde, bien mieux ainsi…

Deux remarques pourtant :

D'abord, la FNARS estime que, parmi les hommes, femmes et enfants qui sont la clientèle des CHRS, seuls 5 % viennent de la rue. Ce chiffre à lui seul, et sans même préjuger du devenir de ces 5 % d'élus, démontre que la rue est d'abord et avant tout lieu de chronicité. Fin de partie. Terminus. On y glisse. On y tombe. On y trébuche... Et, poignée de miraculés mise à part, on n'en sort plus.

Ensuite, il convient de regarder de plus près le fonctionnement de ces CHRS mêmes. Si l'hébergement y est juridiquement et théoriquement sans limite de temps, la pratique est, sauf exception, de privilégier des prises en charge de six mois, renouvelables une fois. Un « bon » centre, c'est-à-dire un centre qui trouvera plus facilement à assurer la continuité de son financement, est un centre qui « tourne ». La clientèle ne s'y attarde pas outre mesure. Les séjours de trop longue durée sont mal vus car ils dénotent un manque de dynamisme, d'efficacité de l'équipe et de la direction... Le but, encore une fois, n'est pas un douteux et régressif *maternage*, mais bien la *réinsertion* de la clientèle. Il faut que cette dernière, bon gré mal gré, sorte du dispositif de l'aide le plus rapidement possible. Ce qui importe, c'est de la remettre sans tarder dans le flux social de la normalité. Aussi un directeur de CHRS avisé et soucieux de son avenir, à défaut de l'être de celui des autres, sera très prudent dans la sélection des entrants. Le profil idéal d'un bon « entrant » étant d'offrir un maximum de garanties de devenir rapidement un bon « sortant »...

Quant aux statistiques et autres aimables fictions, regroupées sous le terme générique de « rapport annuel d'activité », il est une collusion générale et pudique, à considérer que « sorti du dispositif » équivaut à « guéri ». *Gentlemen's agreement*...

Dépression et alcoolisme. Sans même aborder la délicate question de la psychopathologie spécifique à l'errance et à la désocialisation, les SDF, miséreux chroniques et autres grands blessés de l'existence, souffrent massivement, et au minimum, de dépression et d'alcoolisme. Tout le monde est d'accord là-dessus. Mais qu'implique donc la prise en charge de la dépression et de l'alcoolisme ? Quels en sont les pronostics ? N'importe quel étudiant de troisième année de médecine connaît, par cœur, la réponse à cette question.

Très grossièrement, un tiers environ des dépressions se traite efficacement par les médicaments seuls. Un tiers nécessite, à la fois, médicaments et psychothérapie. Le reste se révèle très difficile à traiter. L'accompagnement thérapeutique d'une dépression est, dans les cas les plus légers, de six mois au minimum. Le plus souvent, il dure un an et demi, deux ans. Dans les cas les plus graves, comme ceux, précisément, que l'on trouve dans les populations désocialisées, il s'agit de prises en charge complexes, tant somatiques que psychothérapiques, voir psychiatriques. Ces prises en charge s'étalent sur plusieurs années… Leur pronostic est mauvais.

Quant à l'alcoolisme, dont on ne répétera jamais assez – dans cette France où le fétichisme pinardier tient souvent lieu de fierté nationale – qu'il constitue une addiction grave qui, elle-même, renvoie à une psychopathologie lourde, le tableau est encore plus sombre. Un tiers des malades alcooliques meurent des conséquences somatiques directes de leur addiction. Un tiers titubent de cures en cures, vasouillent de produits en produits, dérivent à vie de bibines en anxiolytiques… Un tiers seulement, selon les études les plus optimistes, parvient, après de nombreuses tentatives, à s'installer dans une abstinence définitive. Au mieux, les épidémiologistes pensent que la durée de prise en charge moyenne d'un malade alcoolique futur abstinent est de six à huit ans. Période douloureuse scandée de cures et de rechutes… Cela, encore une fois, dans le meilleur des cas. C'est-à-dire en ce qui concerne des patients fort éloignés des profils qui nous concernent.

Bref, le constat est sans appel possible. De quoi ont besoin ces gueules cassées, ces perpétuels écorchés que sont les SDF ? De prises en charge longues et finement pensées, de soins complexes tant somatiques que psychothérapiques. D'accompagnements au long cours, comme on suit dans la durée de la vie les malades graves dont on sait que bien peu guériront. De quoi ont besoin les SDF ? De hautes compétences thérapeutiques. Et puis du temps, du temps, et du temps encore…

Et que leur offre-t-on ? Quelques nuits à l'abri. Nuits précaires, dangereuses et incertaines. De la soupe tiède distribuée, en saison, de mauvaise grâce. Quelques hardes qui ne sont pas à leur taille. De centres en foyers, ici, ailleurs, demain, autre part, la condamnation au jeu infini des chaises musicales. L'urgence… Au mieux, pour les quelques élus de la réinsertion en marche, un séjour de six mois en CHRS, un an, si l'on se comporte bien. Et bien se comporter signifie, sous peine d'exclusion (une de plus !) et de retour à la rue, être abstinent lorsqu'on est alcoolique. Se lever matin, frais, dispos et entreprenant, lorsque l'on est déprimé…

Curieuse psychiatrie sociale. Étrange dispositif thérapeutique où, pour entrer se soigner, il faut d'abord guérir…

Il est méthode à cette folie. Un des aspects les plus caractéristiques de la question SDF est l'indépassable confusion mentale qui semble affecter les responsables étatiques et associatifs aussi bien que les médias. Tous font preuve d'une incapacité tenace à constituer l'objet SDF. Colloques, études et rapports se multiplient à l'infini, autour des mêmes questions toujours ressassées, jamais résolues. Qui sont-ils ces errants, ces voyageurs de l'étrange ? D'où sortent-ils ? Que veulent-ils ? Cette sidération de la pensée s'accompagne d'une autre manifestation clinique, celle de découvertes répétées et à grand bruit de pseudo-nouveautés.

Indiscutablement, le pourcentage des femmes augmente, le nombre d'enfants aussi. Les flux migratoires liés à l'ouverture des frontières contribuent à modifier les origines géographiques et ethniques des populations à la rue. Pour autant, la figure du clochard reste universelle et atemporelle. Elle se trouve aussi bien chez les Inuits du nord Groenland que chez les Aborigènes de l'Outback australien. Le clochard, dans la détresse de tous ses laisser-aller, dans les stigmates purulents de son abandonnisme, est une figure de l'humain et de sa folie. Le clochard est une modalité de l'être-au-monde. C'est l'angoisse qui sourd de cette permanence qui est intolérable. Aussi s'efforce-t-on d'affirmer que le SDF d'aujourd'hui n'aurait rien de commun avec le clochard d'hier. Nouveaux pauvres, routards, sans-abri, exclus, le langage, contaminé, entre lui aussi en errance… Chaque campagne d'hiver s'accompagne ainsi de la nouvelle collection sans-abri de l'année. SDF soi-disant new-look.

Jeannot Clodo, lapin miteux que l'on sort et ressort du même chapeau défoncé, sans jamais s'apercevoir qu'il ne change pas.

Ces symptômes ont une raison d'être et sont tout, sauf innocents. L'objet toujours fuyant, ladite labilité chronique du phénomène SDF, tout cela est fort utile au maintien du *statu quo*. Ce *statu quo* de bricolage et d'arbitraire. Si, en effet, le SDF est toujours épistémologiquement ailleurs, impalpable, inassignable, la réalité, alors, n'existe plus. Tout savoir devient impossible. Si le SDF est trop fugace pour être objet de savoir démontrable, c'est-à-dire objet de science, comme l'est le cardiaque ou le schizophrène, alors, en dernière instance, tous les discours se valent et tout est permis. Nous sommes ainsi condamnés à la tiède et confortable médiocrité du règne de la *doxa*, de l'opinion où, par définition, celle-ci, mon Dieu, vaut bien celle-là. La réalité, habilement escamotée, n'engage alors plus personne à rien. Et toute théorie qui se voudrait critique ne rencontre jamais qu'un benoît et faussement navré *cause toujours*...

De même, l'immuable *bêtise* du système d'aide et d'accompagnement des SDF n'est plus à démontrer. Inadéquation pérenne et dénoncée, toujours en vain, des structures, des règlements, des moyens de l'urgence. Incapacité chronique du dispositif dans son ensemble à intégrer les réalités minimales et incontournables de l'épidémiologie et de la clinique de l'alcoolisme et de la dépression. Persécuteur caractère saisonnier de l'aide apportée... Stupidité systémique non réductible aux relatives compétences et sensibilités des uns et des autres.

Pourquoi donc tant d'imbécillité ? Parce que contrairement à ce qui est annoncé, proclamé, revendiqué à grands cris déchirants, effets de manche solidaires, et déclarations immortelles qui sont de purs sanglots... Contrairement à ces tombereaux de foutaises, ce n'est pas de l'aide aux hommes, femmes et enfants de la rue dont il s'agit ici. Ce dont il est question, avant tout, dans ce dosage non pas de l'aide, mais de l'oppression, est, non pas le soulagement des souffrances, mais bien la gestion des limites de la tolérance générale au scandale public.

L'analyse des programmes hivernaux d'hébergement d'urgence le montre bien. Que l'on meure d'hypothermie dans la rue, en octobre, par + 17 °C n'est pas foncièrement gênant. Rien dans cet éventuel fait divers ne remet en cause la vision rassurante que la société a d'elle-même. Une telle mort ne renvoie finalement, qu'aux conduites aberrantes du défunt. Et ce n'est pas faute de l'avoir prévenu... Non, ce qui serait intolérable, c'est que l'on meure en grappe sur les marches de Notre-Dame, un 24 décembre au soir, par temps de neige et – 15 °C. *Abomination ! Mais que font donc les pouvoirs publics ?* hurleraient alors de toutes parts des voix suraiguës et tremblantes de rage tardive, mais soigneusement indignée.

Il y a pire. Il y a mieux. Osons dire les choses. Soyons franc. Il est, à la réflexion, assez salutaire que souffrent et meurent dans la rue et sous nos yeux quelques-uns de ces insupportables oisifs. Leur calvaire est un exemple. Il est leçon de choses. Approchez, braves gens ! Regardez ! Voilà ce qui arrive à qui transgresse les obligations de la société. À qui tente d'en secouer l'implacable joug.

Oh, bien sûr, un trop-plein de cadavres serait délétère. Et d'un effet paradoxal. À enjamber les morts du trottoir, la morale, rapidement, ne s'y retrouverait plus.

L'excès nuit. De la mesure avant toute chose. Il est une modulation de l'épouvante. L'exécution de l'affaire demande un peu de délicatesse. Mais qu'est-ce d'autre, au fond, que l'actuel système d'aide, sinon ce doigté, précisément ?

Curieusement, le SDF, exclu parmi les exclus, se révèle à l'analyse, au contraire, tout ce qu'il y a de plus inclus. Il occupe position et fonction dans la société. Il joue sur la scène du théâtre social un double rôle essentiel. Celui de la victime sacrificielle. Et celui du contre-exemple. Il est la moderne version du corps des suppliciés pourrissant jadis en place de Grève. L'incontournable démonstration du prix de la transgression. Que l'on s'attarde. Que l'on contemple. Que l'on médite. Et qu'on se le dise...

Par-delà la compassion réelle ou feinte, on ne comprend rien aux paradoxes de l'aide aux SDF si l'on ne mesure pas à quel point ils sont, consciemment ou inconsciemment, objet de la haine et de la vindicte publique.

La conscience spectatrice et naïve les exècre pour deux raisons.

La première est que ces gens échappent à l'obligation générale du travail. Et ce privilège-là est, aux yeux des esclaves volontaires que sont les passants, intolérable. Paresse. Alcool. Sexe. Les gens de la rue nous narguent. Et, infiniment au-delà du principe de réalité qu'ils méprisent, se branlent en ricanant sous nos yeux révulsés et fatigués de labeur. Une telle débauche de régressive jouissance ne peut que faire rêver Citoyen à l'échine courbée. Le clodo ivre et souverain d'une inouïe liberté fait envie. Et cette impossible envie conduit à souhaiter sa mort.

La seconde, en contradiction avec la première, exerce sa séduction à un autre niveau de représentation et de fantasme. Clodo, de par sa souffrance et son drame, illustre la terrifiante vérité de la société. Une vérité cachée, jamais revendiquée, et qui n'apparaît que dans les marges, là où ses victimes trouveront peu d'alliés : la rue, le bordel et la prison. SDF, prostituées et prisonniers sont cousins. Ils sont là pour témoigner du fond ultime des choses : c'est qu'il n'existe pas, et qu'il ne peut pas exister d'alternatives viables au canon de la bonne normalité. Et voilà pourquoi, en prison, sous l'œil toujours myope des matons avinés, on continuera à se faire violer dans les douches. Et voilà pourquoi le martyre des prostituées toujours livrées au bon plaisir, tant du monde judiciaire que de la pègre la plus crapuleuse, est sans fin. Et voilà pourquoi on continue et on continuera d'entretenir les conditions de possibilité de la mort à la rue.

Détesté professeur de l'insoutenable, Clodo est là pour enseigner cette terrible leçon : la normalité est sans issue. Et derrière nos bienveillantes démocraties, se cache, mutique, mais vigilante, une totalitaire obligation : Citoyen sera productif ou, lentement, et passivement, et sans bruit, mis à mort.

Que l'on ne s'y trompe pas. La souffrance des pauvres et des fous est organisée, mise en scène, et nécessaire. L'ordre social est à ce prix.

Du contrat social. Ils arrivent des quatre points cardinaux. Bientôt, les chefs de clans hominidés seront tous là. Mhufah, dont c'est le tour de présider la réunion, suçote nerveusement une crotte de nez. D'un appétissant verdâtre, cette friandise que d'habitude il apprécie, aujourd'hui, lui semble fade. Hargneusement, il la crache au loin. Mhufah fronce des sourcils épais comme des moustaches. Il n'aime pas parler en public et il a une déclaration importante à faire. Du regard, il parcourt l'assemblée qui, lentement, s'installe autour du feu. Sapiens, Néandertals, Aurignaciens... Bompah et Bommah, ses lieutenants, s'épouillent mutuellement comme l'exige la plus élémentaire courtoisie. Fharth, le chamane, tente de se faire enlever par un esclave une écharde douloureusement plantée dans un endroit charnu. L'esclave, de ses doigts boudinés aux ongles rongés, n'arrive à rien. Il essaie avec les dents. Fharth grimace.

Uhrah, une femelle présomptueuse, qui se croit dominante et ne connaît pas sa place, est venue, un instant, fureter autour du groupe, mais on l'a chassée à coups de pierres et de crottin de mammouth.

C'est l'heure. Il faut commencer. Mhufah prend le fémur sacré de son illustre arrière-arrière-grand-père et en frappe le tronc d'arbre évidé qui, à lui seul, constitue l'orchestre royal philharmonique de la savane. Tout le monde, en cercle, s'assoit. Sauf Fharth qui indique, d'un geste de la main, qu'il préfère rester debout.

Mhufah se lève, ajuste la peau de tigre à dents de sabre qui lui sert de toge, s'éclaircit la voix en crachant par terre, se gratte un dessous de bras, et prend la parole :

Amis hominidés, frères, cousins, et chers confrères,

C'est depuis l'aube de la mémoire de nos ancêtres que, toutes les douze lunes, nous nous réunissons. Honnêtement, jusqu'à présent, à part pour se bourrer comme des aurochs, et procéder à l'échange rituel des femelles… (Sifflets et applaudissements divers.) *Et procéder, dis-je, à l'échange rituel des femelles en âge d'accouplement, de manière à assurer une saine variété génétique à notre descendance. À part ça, franchement, je me demande bien pourquoi…* (Murmures et grognements.) *Lune succède à lune, et qu'est-ce qui change ? Rien. On se voit trois jours. On picole. On bouffe. On vomit. On baise. Et alors ? Alors, rien ! Après nous nous séparons. Chacun s'en retourne chez soi. On chasse. On cueille. On se tape sur la gueule à chaque occasion et on ne sait même pas pourquoi. Ce n'est pas comme ça, croyez-moi, qu'on va découvrir l'agriculture.*

Frères hominidés, le temps est venu d'évoluer. Il faut s'organiser. Et se regrouper, non plus en bandes informes, mais en petites communautés stables et prospères. Et pour cela, amis, il nous faut assurer, entre nous, la paix… (Jurons et protestations.) *La paix, au moins, la plupart du temps… Mais pour cela, pour que nous et nos enfants profitions de la nourriture surabondante que seule l'agriculture et l'élevage pourront nous assurer, pour que l'âge du bronze, et l'âge du fer, et même l'âge des films de cul sur Internet…* (Rires, gestes obscènes et plaisanteries vulgaires.) *Pour que tout cela, frères, soit un jour à nous, il faut arrêter de nous entre-tuer pour des queues de cerises qui n'existent même pas encore. Aussi devons-nous constituer une assemblée qui inventera des lois auxquelles, librement, nous nous soumettrons. Aussi devons-nous élire un corps de fonctionnaires chargés de les appliquer sans pitié. Aussi devons-nous, de notre plein gré, renoncer, frères, à nos libertés anarchiques et ce pour le bien de tous et de chacun. Le temps est enfin venu que l'homme cesse d'être un loup pour l'homme !* (Hurlements furieux et généralisés.)

Mhufah, pour calmer l'assistance, étend les bras. Et, comme il se doit, rote pour signifier qu'il a fini de parler.

Parmi les congressistes règne la plus grande agitation. Certains s'arrachent les poils, d'autres exhibent – d'un air entendu – leurs parties génitales, d'autres encore en viennent aux mains. Les quolibets fusent : *Qu'ess t'as contre les loups d'abord, espèce de pédé ? Ouais, c'est ça : vive les loups ! Pédé ! On veut les loups ! Gonzesse !*

Heureusement, cette réaction épidermique émanant essentiellement de l'extrême gauche écologiste Néandertal n'a pas de conséquences fâcheuses. D'ailleurs, on ne prend pas au sérieux des gens au bord de l'extinction qui, de surcroît, lorsqu'ils sont excités, ont pour habitude de faire *Hou ! Hou !* en sautant sur place et en agitant les bras de bas en haut, comme s'ils allaient s'envoler...

Le calme, lentement, revient. Tempête sous ces crânes hirsutes. Dans le silence ruminant qui s'installe, Fharth, à qui il appartient de clore la séance jusqu'à l'année prochaine, urine sur le feu pour l'éteindre. *Hé bé !* se dit-il. *Misère de misère, c'est qu'il va falloir y songer...*

Le contrat social était né.

C'est là, du moins, ce qu'espèrent nous faire croire théoriciens du politique et procureurs de la République, instituteurs et juges d'instruction. Sinistres théologiens du laïc. Apologètes de l'aliénation. Bonimenteurs de l'Ordre. Gardes-chiourmes de l'oppression civile.

Quel contrat social ? Où est-il ce parchemin de malheur ? Que je le voie. Que je m'en torche. Contrat ? Bite ! Et qui donc en a rédigé les termes ? Hein ? Quand ? Comment ? Et quel est, au juste, l'inénarrable truffe qui l'a signé ? Ho ?

En droit, un contrat n'est jamais valable qu'à la condition expresse de l'égale liberté des contractants. Alors ? Soi-disant contrat que personne n'a jamais vu. Jamais discuté. Jamais négocié. Jamais signé. Allons ! Pas plus contrat social que beurre au cul !

Et les alternatives ? Et si j'en veux pas moi, bibi, de ces fers aux pieds ? Et si ça me plaît pas, à moi, la liberté de me faire, librement, mettre et mettre encore ? Foutu ! Y a pas d'ailleurs. Y a plus nulle part où se tailler. Nulle part où fuir... La Désirade aux burnes, frère ! On a coulé, pote, la dernière île... Ah, les bâtards !

Pas d'illusions. Derrière le fard craquelé et le rimmel coulant de la Société, derrière son sourire édenté d'aveugle et vérolée radasse, se cache toujours l'antique tête de mort de la servitude et de la soumission. Travaille ! Travaille ou crève. Travaille, rampant ! Et remercie. Et vote. Et prie les dieux...

La trêve. Alors ? Alors pour que la Société ait ne serait-ce qu'une petite chance de convaincre de la légitimité de son État et de son Ordre, alors pour qu'au mirage du contrat social, on puisse sans rire, ne serait-ce qu'un instant, faire semblant de croire, alors, il faut la trêve. La trêve de Dieu qui n'existe pas. La trêve des hommes qui n'existent que trop. Alors, il faut modifier les termes de l'échange. Il faut changer la donne.

Un revenu minimum d'existence, à vie et sans questions, enquêtes, réserves ou contreparties aucunes. Un droit. Un vrai droit de l'homme pour tous les hommes. Le droit d'exister *a minima*, certes, mais décemment. Le droit de survivre pour nulle autre raison, justification, compétence ou légitimité que celle, tout simplement, d'être. La Société s'excusera ainsi de son poids pesant. De ses obligations implacables. De sa tyrannie insidieuse et larvaire qui rôde aux frontières mêmes de nos larmoyantes démocraties.

Et bannir pour toujours l'inouïe violence infligée à ces errants de force, à ces sans-abri contraints, que l'on repousse à la rue tous les jours, et partout en France. La rue est une horreur. La rue est une terreur. La rue est une torture. La rue est un crime ignoble commis à chaque heure du jour et de la nuit contre des faibles et des innocents. Innocents de tout, sauf de leur malheur. Un crime commis dans et par l'indifférence générale. Un crime sacrificiel et barbare répété pour l'édification de tous. Honte à nous ! Honte à la France ! Honte à cette grande nation qui sut jadis, pour une certaine idée de l'homme, soulever le monde. Il faut que cela cesse. Il faut appeler le crime par son nom. Il faut, par la loi, rendre illégale la mise à la rue.

Asile ! Asile, au nom des hommes !

POST-MORTEM

J'ai raconté ailleurs l'histoire de Raymond[1]. Une histoire qui finissait mal puisqu'à la fin il mourait, Raymond.

C'est un genre de parabole : Vers la fin des années 1980, Raymond travaillait à l'hôpital de Nanterre, il était serveur en salle de garde. Il était bien aimable et donnait, à tout le monde, satisfaction. À tel point même que les travailleurs sociaux, psychologues et autres vendeurs du normatif à la sauvette, se mirent à rêver pour lui d'un avenir radieux. Un avenir tout fait de réinsertion, de labeur et de chambre banlieusarde, sobre mais proprette. Un avenir enfin digne, quoi. Ça, du p'tit gars Raymond, on allait refaire un vrai citoyen. Et un bon : debout, énergique, enthousiaste, optimiste, électeur, et tout et tout... Oui, Raymond, il allait payer pour les autres : tous les crevards, fous, tarés, alcoolos, et autres incurables dont on ne sait que foutre et dont la consubstantielle dinguerie nous ricane au nez à longueur d'entretiens... On le tenait, Raymond, et on le tenait bien.

1. Patrick Declerck, *Les Naufragés. Avec les clochards de Paris*, Plon, 2001, p. 270-281, 375-382.

On le convoqua. On l'interrogea. On l'ausculta. On le renifla. Les rapports, les uns après les autres, tombèrent. La conclusion implacable : bon pour le service ! On lui proposa alors un stage de formation. Une affectation ailleurs. Une nouvelle vie, en somme. « Ah, bon. Ben, merci, madame, alors », a fait Raymond.

Oh, déjà, pendant tous ces préliminaires, il se doutait de quelque chose, Raymond. Il allait pas très bien. Il recommençait même à picoler un peu. À se bourrer la gueule de temps en temps. Mais enfin sans violences et puis, toujours poli. Au fond ce qui l'a tué, Raymond, c'est qu'il était trop poli… Évidemment, ces petits signes auraient dû alerter. Dysfonctionnements… Angoisses… Malaises sans nom, sans mots… On aurait dû se douter. Mais allez-y, vous, tenter, comme ça à froid, de retirer sa proie à une assistante sociale qui a le feu au rapport… C'est qu'elle mordrait, la sale bête.

Raymond fut transféré. Raymond fut inscrit à son stage. Et Raymond ficha le camp quelques jours plus tard. Sans explications. Sans prévenir. Sans bruit. Sans rien… Puis on le retrouva dans la rue, clodo comme avant, saoul comme jamais, désespéré comme toujours. Il a fini par venir mourir d'hypothermie, une nuit d'octobre, devant l'hôpital. Une nuit même pas particulièrement froide. On l'a retrouvé, raide, dans l'abri de bus. À dix mètres du poste de garde. Jusqu'au bout, et même *post-mortem*, qu'il nous aura emmerdé, Raymond…

Plus tard, j'ai un peu cherché sa tombe. À Nanterre. Dans les dossiers, les archives. En vain…

Un soir de fin d'hiver – c'était en 2002 – je donnais une conférence à Toulouse. Une centaine de personnes. Je remarque, debout au fond de la salle, une silhouette vaguement familière. Une ombre connue, hésitant entre partir et rester, entre trottoir et palier : un homme d'une cinquantaine indéterminée, grand, maigre, les traits creusés, les cheveux gris et longs. Hâve. Vacillant un peu. Incertain beaucoup. Un vieux hippie, tourné un rien épouvantail... À la fin, après les signatures, il s'approche, tiraillé entre gêne et courage...

– Je ne sais pas si vous vous souvenez de moi. Je m'appelle François. À Nanterre, je travaillais au labo...

Maintenant, je le reconnais tout à fait. François, un commis du labo, parfaitement. Il passait dans les services, chercher les prélèvements sanguins, les échantillons d'urine...

– Je suis venu parce que je vous ai entendu à la radio. Vous avez parlé de Raymond. Raymond, à Nanterre, c'était mon ami. Et ce que vous avez dit, c'est comme ça. C'est exactement comme ça que c'est arrivé. Il a pas tenu, Raymond. Il allait mieux pourtant. Il était bien, mais ils l'ont... Il fallait lui foutre la paix. Tout ce qu'il voulait, c'est qu'on lui foute la paix... Après, ça a été terrible. Il a dégringolé tout de suite. Pire qu'avant... On n'a rien pu faire. J'allais le voir... Il voulait plus rien entendre. C'était fini.

Ses yeux se mouillent. Il est agité d'un léger, presque imperceptible, tremblement. Timidité, alcool ou rage sourde...

– Et je voulais vous dire : je sais moi, où il est enterré, Raymond. C'est au mont Valérien qu'ils l'ont mis. On était deux à l'enterrement, moi et Gérard, un autre copain qui, lui, était à la lingerie. Il connaissait bien Raymond aussi. Voilà, Raymond, c'est au mont Valérien qu'il est.

Je hoche la tête et je me dis que le mont Valérien, pour Raymond, au fond, c'est pas mal. Après tout, c'est une espèce de fusillé de la République, Raymond, lui aussi. Dans son genre... Une sorte de résistant ultime et un peu spécial.

François explique qu'il a quitté Nanterre. Maintenant, il vit dans un foyer tenu par des dominicains. Il est là depuis le début de l'hiver. Il y est bien... C'est dans la campagne. À une quarantaine de kilomètres. Pour venir ce soir, il a emprunté une mobylette...

Nous sortons. Il pleut de la neige fondue. Et les gouttes, presque des cristaux, font dans la lumière des réverbères comme des milliers et des milliers de minuscules poissons argentés. François met son casque et il a l'air ridicule. On se regarde. C'est sûr qu'on ne se reverra jamais. Alors, sans rien dire, on se redresse bien droit et on se serre la main gravement. Ça vaut mieux qu'on ne dise rien, parce qu'on a comme un chat dans la gorge...

Puis François enfourche sa mobylette qui n'est plus, pas plus que nous, dans sa première jeunesse. Il ne roule pas très droit. Ses jambes sont trop longues et pour qu'elles ne gênent pas ses coudes, il doit maintenir les genoux écartés. Ses cheveux, qui s'échappent du casque, flottent au vent. Comme ça, vu de dos, c'est un peu Don Quichotte. Don Quichotte à mobylette.

Je le regarde s'éloigner. Et je fais ce geste antique de la nostalgie des hommes et de tous les adieux : la main droite tristement levée et les doigts pointés vers les étoiles... Et je reste là, comme ça, jusqu'à ce qu'il disparaisse. Bouffé par les petits poissons d'argent...

REMERCIEMENTS

La critique s'adresse aux systèmes, non aux personnes qui les composent.

Pour faire ce petit livre, j'ai pris contact avec de nombreux acteurs et responsables du champ médico-social de l'exclusion. Bien que tous aient su mon intention pamphlétaire et que certains aient mesuré qu'ils n'en partageraient pas les conclusions, non seulement je n'ai essuyé aucun refus mais j'ai reçu partout un accueil plus qu'amical.

Par ailleurs, si ce que j'ai écrit n'engage que moi et n'est, en aucun cas, l'émanation d'une quelconque revendication collective, je sais la souffrance, la colère et l'écœurement de nombreux intervenants et responsables, toutes appartenances institutionnelles et identités professionnelles confondues, devant la pérennité d'un système d'aide aux SDF, imbécile et foncièrement sadique.

Pour ne pas risquer de mettre publiquement en porte-à-faux les hommes et les femmes qui ont partagé si généreusement avec moi leur temps et leur savoir, j'ai choisi de ne pas les nommer. Néanmoins, ils savent, eux, qui ils sont et je tiens à leur dire toute ma gratitude.

Ouvrage composé
par Dominique Guillaumin, Paris.
Achevé d'imprimer
par l'Imprimerie Floch
à Mayenne, le 16 janvier 2006.
Dépôt légal : janvier 2006.
1er dépôt légal : octobre 2005.
Numéro d'imprimeur : 64819.

ISBN 2-07-077461-9 / Imprimé en France.

142759